PIERRE BOURDIEU

# Esquisse
# pour une auto-analyse

RAISONS D'AGIR ÉDITIONS

**Éditions RAISONS D'AGIR**
27, rue Jacob, 75006 Paris
© ÉDITIONS RAISONS D'AGIR, février 2004
editions@raisonsdagir-editions.org

*Ceci n'est pas une autobiographie*

PIERRE BOURDIEU

# NOTE DE L'ÉDITEUR

> Analyse sociologique excluant la psychologie, sauf
> quelques mouvements d'humeur.
>
> PIERRE BOURDIEU, *Notes préparatoires*

*Ce texte de Pierre Bourdieu, rédigé entre octobre et
décembre 2001 – mais auquel il travaillait et réfléchis-
sait depuis plusieurs années, s'interrogeant notamment
sur la forme qu'il convenait de lui donner – a été conçu,
à partir de son dernier cours au Collège de France,
comme une nouvelle version (développée, réélaborée) du
dernier chapitre de* Science de la science et réflexivité.
*Et, pour bien marquer la continuité entre les deux textes,
il leur a donné le même titre, « Esquisse pour une auto-
analyse ». Il avait décidé de faire paraître ce livre d'abord
en Allemagne\* et, bien qu'il ait envisagé de le reprendre
et de le retravailler pour l'édition française, nous avons
choisi d'en publier la version allemande en ajoutant
seulement quelques notes bibliographiques pour les références explicites.*

---

\* *Ein Soziologischer Selbstversuch*, Francfort, Suhrkamp, 2002.

*De la même façon qu'il était entré au Collège de France (en 1982) par une très réflexive* Leçon sur la leçon, *Pierre Bourdieu avait décidé de faire son dernier cours en se soumettant lui-même, comme en un dernier défi, à l'exercice de la réflexivité qu'il avait constitué tout au long de sa vie de chercheur comme l'un des préalables nécessaires à la recherche scientifique.*

*Il savait que se prendre lui-même pour objet lui faisait courir le risque non seulement d'être accusé de complaisance, mais aussi de donner des armes à tous ceux qui n'attendent qu'une occasion pour nier, précisément au nom de sa position et de sa trajectoire, le caractère scientifique de sa sociologie, et qui ne voient pas que l'exercice de la réflexivité a été longuement élaboré comme un instrument de scientificité. Dans ce projet paradoxal entre tous, il s'agissait bien moins d'un geste ostentatoire (« sommer le lecteur de se demander pourquoi il lit ça », dit Pierre Bourdieu dans ses notes de travail préparatoires) que d'une entreprise tout à fait inédite de mise en conformité finale du chercheur avec sa conception de la vérité scientifique, d'une volonté de donner une sorte de garantie ultime du caractère scientifique des propositions énoncées dans toute l'œuvre, en un retour sur soi très contrôlé (« je mets au service du plus subjectif l'analyse la plus objective », écrit-il encore, commentant ce texte).*

On a vu qu'il avait raison de craindre le mauvais usage qui pouvait en être fait. Il écrivait ainsi, dans une des versions antérieures : « Ceci n'est pas une autobiographie. Le genre ne m'est pas interdit seulement parce que j'ai (d)énoncé l'illusion biographique ; il m'est profondément antipathique et l'aversion mêlée de crainte qui m'a conduit à décourager plusieurs "biographes" s'inspire de raisons que je crois légitimes. »

Décembre 2003

Je n'ai pas l'intention de sacrifier au genre, dont j'ai assez dit combien il était à la fois convenu et illusoire, de l'autobiographie. Je voudrais seulement essayer de rassembler et de livrer quelques éléments pour une auto-socioanalyse. Je ne cache pas mes appréhensions, qui vont bien au-delà de la crainte habituelle d'être mal compris. J'ai en effet le sentiment que, en raison notamment de l'amplitude de mon parcours dans l'espace social et de l'incompatibilité pratique des mondes sociaux qu'il relie sans les réconcilier, je ne puis pas gager – étant loin d'être sûr d'y parvenir moi-même avec les instruments de la sociologie – que le lecteur saura porter sur les expériences que je serai amené à évoquer le regard qui convient, selon moi.

En adoptant le point de vue de l'analyste, je m'oblige (et m'autorise) à retenir tous les traits qui sont pertinents du point de vue de la sociologie, c'est-à-dire nécessaires à l'explication et à la compréhension sociologiques, et ceux-là seulement. Mais loin de chercher à produire par là, comme on pourrait le craindre, un effet de fermeture, en imposant mon interprétation, j'entends livrer cette expérience, énoncée aussi honnêtement que possible, à la confrontation critique, comme s'il s'agissait de n'importe quel autre objet. J'ai bien conscience que, analysés dans cette perspective et, comme il convient en tout cas, conformément au « principe de charité », tous les moments de mon histoire, et en particulier les différents partis que j'ai pu prendre en matière de recherche, peuvent apparaître comme rendus à leur nécessité sociologique, c'est-à-dire, sous ce rapport, justifiés, et, en tout cas, comme beaucoup plus rationnels ou même raisonnés et raisonnables qu'ils ne l'ont été en réalité, un peu comme s'ils étaient sortis d'un projet conscient de soi dès l'origine. Or je sais, et je ne ferai rien pour le cacher, qu'en vérité je n'ai découvert que peu à peu, même sur le terrain de la recherche, les principes qui guidaient ma pratique.

Sans être véritablement inconscients, mes « choix » se manifestaient surtout dans des refus et dans des antipathies intellectuelles le plus souvent à peine articulés et ils ne se sont exprimés de manière explicite que très tardivement (par exemple la répulsion assez profonde que m'inspiraient le culte de Sade, un moment à la mode, et la vision à la Bataille ou Klossowski des choses sexuelles n'a trouvé un commencement d'expression que dans un numéro d'*Actes* consacré au « Commerce des corps » en 1994). Peut-être parce que j'étais trop complètement investi dans mon travail et dans le groupe que j'animais pour regarder autour de moi, peut-être parce que je pensais avoir trop à faire pour consacrer une part du temps dont j'avais tant besoin à discuter ou critiquer même les plus en vue de ceux qui m'entouraient, en France ou à l'étranger, dans les sciences sociales et la philosophie, et pour qui je n'avais pas toujours beaucoup de considération, peut-être parce que je suis assez maladroit et malheureux dans les discussions intellectuelles à propos de problèmes qui ne sont pas les miens (j'ai gardé un souvenir assez mitigé d'une rencontre avec Habermas, certes très chaleureuse, qu'avaient organisée, à Paris, Dreyfus et Rabinow), j'ai eu tendance à aller de l'avant, un peu à la va-comme-je-te-pousse, et ce n'est que peu à peu, et presque toujours rétrospectivement, que j'ai commencé, notamment à l'occasion de séjours à l'étranger, à expliciter ma « différence » par rapport à des auteurs comme Habermas, Foucault ou Derrida, à propos desquels on m'interroge souvent aujourd'hui, et qui étaient infiniment moins présents et moins importants dans ma recherche que les Cicourel, Labov, Darnton, Tilly, et tant d'autres historiens, ethnologues ou sociologues inconnus dans les sphères intellectuelles ou médiatiques. Je pourrai néanmoins m'appuyer, dans cet effort pour m'expliquer et me comprendre, sur les bribes d'objectivation de moi-même que j'ai laissées sur mon chemin, tout au long de ma recherche, et que j'essaierai ici d'approfondir et aussi de systématiser.

Comprendre, c'est comprendre d'abord le champ avec lequel et contre lequel on s'est fait. C'est pourquoi, au risque de surprendre un lecteur qui s'attend peut-être à me voir commencer par le commencement, c'est-à-dire par l'évocation de mes premières années et de l'univers social de mon enfance, je dois, en bonne méthode, examiner d'abord l'état du champ au moment où j'y suis entré, autour des années cinquante. Si je rappelle que j'étais alors élève de l'École normale supérieure en philosophie, au sommet de la hiérarchie scolaire, à une époque où la philosophie pouvait paraître triomphante, j'aurai dit l'essentiel, il me semble, de ce qui est nécessaire pour les besoins de l'explication et de la compréhension de ma trajectoire ultérieure dans le champ universitaire. Mais afin de comprendre pourquoi et comment on devenait « philosophe », mot dont l'ambiguïté contribuait à favoriser l'énorme surinvestissement qu'excluent des choix moins indéterminés et plus directement ajustés aux chances réelles, il me faut aussi essayer d'évoquer l'espace des possibles tel qu'il m'apparaissait alors et les rites d'institution propres à produire la part de conviction intime et d'adhésion inspirée qui, en ces années, était la condition de l'entrée dans la tribu des philosophes.

Je ne puis rappeler ici toute la machinerie du processus de consécration qui, de concours général en classe préparatoire au concours de l'École normale, conduit les élus (et tout particulièrement les oblats miraculés) à élire l'École qui les a élus, à reconnaître les critères d'élection qui les ont constitués en élite ; comme, par la suite, à s'orienter, et sans doute avec d'autant plus d'empressement qu'ils sont plus couronnés, vers la discipline reine. On devenait « philosophe » parce qu'on avait été consacré et l'on se consacrait en s'assurant le statut prestigieux de « philosophe ». Le choix de la philosophie était ainsi une manifestation de l'assurance statutaire qui renforçait l'assurance (ou l'arrogance) statutaire. Cela plus que jamais en un temps où tout le champ intellectuel était dominé par la figure de Jean-Paul Sartre et où les khâgnes, notamment avec Jean Beaufret, destinataire de la *Lettre sur l'humanisme* de Heidegger[1], et le concours de l'École normale lui-même, avec son jury composé un moment de Maurice Merleau-Ponty et de Vladimir Jankélévitch, étaient ou pouvaient apparaître comme des hauts lieux de la vie intellectuelle.

---

1. Martin Heidegger, *Lettre sur l'humanisme*, Paris, Aubier, 1964.

La khâgne était le lieu où se produisait l'ambition intellectuelle à la française dans sa forme la plus élevée, c'est-à-dire philosophique. L'intellectuel total, dont Sartre venait d'inventer et d'imposer la figure, était appelé par un enseignement qui offrait un vaste éventail de disciplines, philosophie, littérature, histoire, langues anciennes et modernes, et qui encourageait, à travers l'apprentissage de la « dissertation *de omni re scibili* » (selon le mot de Durkheim), clé de voûte de tout le dispositif, une certitude de soi confinant mainte fois à l'inconscience de l'ignorance triomphante. La croyance dans la toute-puissance de l'invention rhétorique ne pouvait que trouver ses meilleurs encouragements dans les exhibitions savamment théâtralisées de l'improvisation philosophique : je pense à des maîtres comme Michel Alexandre, disciple tardif d'Alain, qui couvrait de poses prophétiques les faiblesses d'un discours philosophique réduit aux seules ressources d'une réflexion sans appui historique, ou comme Jean Beaufret qui initiait ses élèves émerveillés aux arcanes de la pensée d'un Heidegger non encore traduit – à l'exception de quelques fragments. (La fortune extraordinaire que le philosophe de la Forêt-Noire a connue en France ne s'explique complètement que si l'on voit que, en tant qu'incarnation exemplaire de l'aristocratisme professoral et de la philosophie indiscutée de la philosophie qui habite sans qu'ils le sachent les professeurs de philosophie, il est plus proche qu'il ne paraît de la vieille tradition française des Lagneau et Alain – comme l'atteste le fait que tant de « philosophes » formés dans les khâgnes des années cinquante aient pu enchaîner l'admiration pour Alexandre avec la ferveur pour Heidegger.)

Ainsi se constituaient la légitimité statutaire d'une aristocratie scolaire universellement reconnue et, « noblesse oblige », le sens de la hauteur qui impose au « philosophe » digne de ce nom les plus grandes ambitions intellectuelles et qui lui interdit de déroger en s'attachant à certaines disciplines ou à certains objets ; notamment tous ceux que touchent les spécialistes des sciences sociales (il faudra par exemple le choc de 1968 pour que les philosophes formés dans les khâgnes des années 1945 s'affrontent, et seulement sur un mode hautement sublimé, au problème du pouvoir et de la politique : il ne fait pas de doute que Deleuze et Foucault, et tous les autres après eux, n'auraient pas pu poser une question aussi clairement exclue du canon philosophique à l'ancienne que celle du pouvoir, si elle n'avait pas été introduite au cœur du champ universitaire par la contestation étudiante qui s'inspirait de traditions théoriques tout à fait ignorées ou méprisées par l'orthodoxie académique, comme le marxisme, la conception weberienne de l'État, ou l'analyse sociologique de l'institution scolaire).

L'emprise des groupes fortement intégrés, dont la limite (et le modèle pratique) est la famille conforme, tient pour une grande part au fait qu'ils sont liés par une *collusio* dans l'*illusio*, une complicité foncière dans le fantasme collectif, qui assure à chacun des membres l'expérience d'une exaltation du moi, principe d'une solidarité enracinée dans l'adhésion à l'image du groupe comme image enchantée de soi. C'est en effet ce sentiment socialement construit d'être d'une « essence supérieure » qui, avec les solidarités d'intérêts et les affinités d'habitus, contribue le plus à fonder ce qu'il faut bien appeler un « esprit de corps » – pour si étrange que l'expression puisse paraître lorsqu'elle s'applique à un ensemble d'individus persuadés de leur parfaite insubstituabilité. Une des fonctions des rites d'initiation est de créer une communauté des inconscients qui rend possibles les conflits feutrés entre adversaires intimes, les emprunts cachés de thèmes ou d'idées que chacun se sent en droit de s'attribuer puisqu'ils sont le produit de schèmes d'invention très proches des siens, les références tacites et les allusions intelligibles seulement au sein du petit cercle des initiés (regarder de cet œil ce qui s'est écrit depuis les années soixante, c'est découvrir, sous l'éclat des différences proclamées, l'homogénéité profonde des problèmes et des thèmes et savoir reconnaître par exemple, dans le mot d'ordre derridéen de la « déconstruction », par-delà la transfiguration entraînée par le changement complet de contexte théorique, le thème bachelardien de la rupture avec les pré-constructions qui, devenu *topos* scolaire, a été orchestré aussi, au même moment, à l'autre pôle du champ de la philosophie – chez Althusser notamment – et dans les sciences sociales – dans *Le Métier de sociologue*[2] notamment).

Mais la propriété la plus importante, et aussi la plus invisible, de l'univers philosophique de ce lieu et de ce moment – et peut-être aussi de tous les temps et de tous les pays – est sans doute l'enfermement scolastique qui, même s'il caractérise aussi d'autres hauts lieux de la vie académique, Oxford ou Cambridge, Yale ou Harvard, Heidelberg ou Todaï, revêt une de ses formes les plus exemplaires avec le monde clos, séparé, arraché aux vicissitudes du monde réel, où se sont formés, autour des années cinquante, la plupart des philosophes français dont le message inspire aujourd'hui un *campus radicalism* planétaire, à travers notamment les *cultural studies*. Les effets de l'enfermement, redoublés par ceux de l'élection scolaire et de la cohabitation prolongée d'un groupe socialement très homogène, ne peuvent en effet que favoriser une distance sociale et mentale à l'égard du monde qui ne se voit jamais aussi bien, para-

---

2. *Le Métier de sociologue*, Paris, Mouton-Bordas, 1968 (avec Jean-Claude Chamboredon et Jean-Claude Passeron).

doxalement, que dans les tentatives, souvent pathétiques, pour rejoindre le monde réel, notamment à travers des engagements politiques (stalinisme, maoïsme, etc.) dont l'utopisme irresponsable et la radicalité irréaliste attestent qu'ils sont encore une manière paradoxale de dénier les réalités du monde social.

Il est clair que, pour moi comme pour tous ceux qui ont alors quelque rapport avec la philosophie, le personnage de Sartre a exercé, tant dans l'ordre intellectuel que dans le domaine de la politique, une fascination non dénuée d'ambivalence. Cependant, la domination de l'auteur de *L'Être et le Néant*[3] ne s'est jamais exercée sans partage sur cet univers et ceux (dont j'étais) qui entendaient résister à l'« existentialisme » en sa forme mondaine ou scolaire pouvaient s'appuyer sur un ensemble de courants dominés : d'abord une histoire de la philosophie très étroitement liée à l'histoire des sciences, dont les « prototypes » étaient représentés par deux grands ouvrages, *Dynamique et métaphysique leibniziennes*, de Martial Guéroult[4], ancien élève de l'École normale et professeur au Collège de France, et *Physique et métaphysique kantiennes*, de Jules

---

3. Jean-Paul Sartre, *L'Être et le Néant*, Paris, Gallimard, 1943.
4. Martial Guéroult, *Dynamique et métaphysique leibniziennes*, Paris, Les Belles Lettres, 1935.

Vuillemin[5], alors jeune assistant à la Sorbonne et collaborateur des *Temps modernes*, qui, normalien lui aussi, succédera à Guéroult au Collège de France ; ensuite une épistémologie et une histoire des sciences représentées par des auteurs comme Gaston Bachelard, Georges Canguilhem et Alexandre Koyré. Souvent d'origine populaire et provinciale, ou étrangers à la France et à ses traditions scolaires, et rattachés à des institutions universitaires excentriques, comme l'École des hautes études ou le Collège de France, ces auteurs marginaux et temporellement dominés, cachés à la perception commune par l'éclat des dominants, offraient un recours à ceux qui, pour des raisons diverses, entendaient réagir contre l'image à la fois fascinante et refusée de l'intellectuel total, présent sur tous les fronts de la pensée. (Il faudrait ajouter Éric Weil, dont j'avais entendu, dès cette époque, les commentaires de Hegel, et que j'ai mieux connu plus tard, lorsque j'ai été nommé à la faculté de Lille, au début des années soixante.)

Condisciple à l'École normale de Sartre et Aron, dont il est séparé par une origine populaire et provinciale, Georges Canguilhem pourra être revendiqué à la fois par les occupants de positions opposées dans le champ universitaire : en tant qu'*homo academicus* exemplaire, il servira d'emblème à des professeurs qui

---

5. Jules Vuillemin, *Physique et métaphysique kantiennes*, Paris, PUF, 1955.

occupent dans les instances de reproduction du corps des positions tout à fait homologues de la sienne, comme Dagognet ; mais en tant que défenseur d'une tradition d'histoire des sciences et d'épistémologie qui, au temps du triomphe de l'existentialisme, représentait le refuge hérétique du sérieux et de la rigueur, il sera consacré, avec Gaston Bachelard, comme maître à penser par des philosophes plus éloignés du cœur de la tradition académique, tels que Althusser, Foucault et quelques autres : comme si sa position à la fois centrale et mineure dans le champ universitaire et les dispositions tout à fait rares, voire exotiques, qui l'avaient prédisposé à l'occuper, l'avaient désigné pour jouer le rôle d'emblème totémique pour tous ceux qui entendaient rompre avec le modèle dominant et qui se constituaient en « collège invisible » en se ralliant à son nom.

Le désir de fuir les engouements mondains pouvait aussi conduire à chercher un autre antidote aux « facilités » de l'existentialisme, souvent identifié, surtout dans sa version chrétienne, à une exaltation un peu niaise du « vécu », dans la lecture de Husserl (traduit par Paul Ricœur[6] ou par Suzanne Bachelard[7], fille du philosophe

---

6. Edmund Husserl, *Idées directrices pour une phénoménologie*, Paris, Gallimard, 1950.

7. Edmund Husserl, *Logique formelle et logique transcendantale*, Paris, PUF, 1957.

et historienne des sciences) ou chez les phénoméno-logues les plus enclins à concevoir la phénoménologie en tant que science rigoureuse, comme Maurice Merleau-Ponty, qui offrait aussi une ouverture vers les sciences humaines, la psychologie de l'enfant, qu'il enseignait à la Sorbonne, avant le Collège de France, mais aussi vers Saussure, Weber et Mauss. Dans ce contexte, la revue *Critique*, dirigée par Georges Bataille et Éric Weil, en donnant accès à une culture internatio-nale et transdisciplinaire, permettait d'échapper à l'effet de fermeture qu'exerce toute école d'élite. (On aura compris que, dans cette évocation de l'espace des possi-bles philosophiques tel qu'il m'apparaissait alors, s'expriment les admirations, souvent très vives et tou-jours vivaces, de mes vingt ans, et le point de vue parti-culier à partir duquel s'est engendrée ma représentation du champ universitaire et de la philosophie.)

On voit ainsi qu'il est possible de produire à volonté les apparences de la continuité ou de la rupture entre les années cinquante et les années soixante-dix selon que l'on prend en compte ou non les dominés des années cinquante sur lesquels se sont appuyés certains des meneurs de la révolution anti-existentialiste en philoso-phie. Mais de même que, à l'exception peut-être de Bachelard qui parsemait ses écrits de remarques ironiques à propos des affirmations péremptoires, notamment en matière de science, des maîtres existentialistes, les dominés des années cinquante livraient, tant dans leur vie que dans leur œuvre, de nombreux indices de leur soumission au modèle philosophique dominant, de même les nouveaux dominants des années soixante-dix ne mèneront sans doute pas jusqu'au bout la révolution qu'ils avaient entreprise contre l'empire du philosophe total. Leurs travaux les plus libérés de l'emprise académique portent encore la trace de la hiérarchie inscrite à la fois dans la structure objective des institutions, avec, par exemple, l'opposition entre la grande thèse, lieu des développements les plus ambitieux, les plus originaux et les plus « brillants », et la petite thèse, autrefois écrite en latin, vouée aux humbles travaux de l'érudition ou des sciences de l'homme, et dans les structures cognitives, les systèmes de classement incorporés, sous la forme de l'opposition entre le théorique et l'empirique, le général et le spécialisé, la philosophie et les sciences sociales.

Ils ont sans doute d'autant plus affirmé leur souci de maintenir et de marquer les distances à l'égard de ces sciences roturières que, au début des années soixante, celles-ci ont commencé à menacer l'hégémonie de la philosophie. C'est ainsi que, dans leur confrontation même avec elles, ils ont été conduits à mimer la rhétorique de la scientificité (à travers notamment ce que j'appelle l'effet -logie : « grammatologie », « archéo-

logie », etc., et d'autres ressorts rhétoriques, particulièrement visibles chez les althusseriens) et à s'approprier discrètement nombre de leurs problèmes et de leurs découvertes (il faudra que quelqu'un fasse un jour le
recensement des emprunts que les philosophes de cette
génération ont faits sans presque jamais le dire – moins
par malhonnêteté que par une tradition de hauteur sou-
veraine et pour ne pas déroger – à la caste inférieure des
linguistes, des ethnologues et même, surtout après 1968,
des sociologues). Ce qui n'a pas peu contribué à les
empêcher d'apercevoir que la rupture avec les naïvetés
bien-pensantes de l'humanisme personnaliste qu'ils
étaient en train d'accomplir ne faisait que les reconduire,
par les voies détournées de l'anthropologie et de la linguistique structurales, à la « philosophie sans sujet » que
les sciences sociales défendaient dès le début du siècle.
(Comme j'avais essayé de le montrer dans un article écrit
avec Jean-Claude Passeron à la veille de 1968[8], le mouvement de balancier qui avait conduit les normaliens des
années trente, et en particulier Sartre et le premier Aron
– celui de l'*Introduction à la philosophie de l'histoire*[9] –, à

8. « Sociology and Philosophy in France since 1945 : Death and Resur-
rection of a Philosophy without Subject », *Social Research*, XXXIV, 1,
Spring 1967, p. 162-212 (avec Jean-Claude Passeron).
9. Raymond Aron, *Introduction à la philosophie de l'histoire. Essai sur les
limites de l'objectivité*, Paris, Gallimard, 1938.

réagir contre le durkheimisme, perçu comme un peu « totalitaire », était reparti en sens inverse, au début des années soixante, sous l'impulsion notamment de Claude Lévi-Strauss et de l'anthropologie structurale, reconduisant à ce que l'on appelait alors, du côté d'*Esprit* et de Ricœur, une « philosophie sans sujet ». Et le mouvement immobile de la vie philosophique n'a fait que ramener le jeu à son point de départ lorsque, autour des années quatre-vingt, Ferry et Renaut, soutenus dans leur mauvais coup de prétendants pressés par *Esprit* bien sûr, mais aussi par *Le Débat* de Nora et Gauchet, et par toute la cohorte des suiveurs médiatiques de François Furet, *Le Nouvel Observateur* en tête, ont tenté de relancer le balancier de la mode en professant, dans une basse polémique fondée sur un amalgame paradoxalement sociologiste, le « retour du sujet » contre ceux qui, dans les années soixante, avaient eux-mêmes annoncé la « mort du sujet ».)

Le « retour » savamment dénié à la philosophie « déspiritualisée » des sciences sociales que les « neveux de Zarathoustra », comme les nomme Louis Pinto[10], opéraient au cours des années soixante, sous l'égide, évidemment, d'ancêtres prestigieux et semi-hérétiques (Nietzsche notamment), est tout à l'opposé d'une véritable réconciliation. Même pour les plus « libérés » de

---

10. Louis Pinto, *Les Neveux de Zarathoustra*, Paris, Seuil, 1995.

l'esprit de caste, comme le Foucault de la théorie post-soixante-huitarde du pouvoir, la frontière avec les sciences sociales, et tout spécialement la sociologie, reste socialement infranchissable. Perçue par les profanes comme proche par son objet d'une sorte de journalisme, la sociologie est en outre dévaluée par rapport à la philosophie par son allure de vulgarité scientiste, voire positiviste, qui ne se voit jamais aussi bien que lorsqu'elle touche aux croyances les plus indiscutées du monde intellectuel, comme celles qui concernent l'art et la littérature et qu'elle menace de « réduire » (un de ses effets ou méfaits les plus régulièrement imputés au « sociologisme ») les valeurs sacrées de la personne et de la culture, donc la valeur de la personne cultivée. J'ai eu mainte occasion d'éprouver que l'iconoclasme tranquille de *L'Amour de l'art*[11], qui, avec ses statistiques et son modèle mathématique, s'opposait frontalement (et froidement) au culte académique de l'œuvre d'art, ne s'opposait pas moins aux transgressions académiquement tolérées, sinon programmées, de l'anti-académisme académique des zélateurs de Roussel et Artaud. (Et je puis témoigner qu'il a été beaucoup mieux accueilli et compris par les artistes qui, au même moment, mettaient en jeu, dans leurs travaux, la

---

11. *L'Amour de l'art. Les musées d'art et leur public*, Paris, Minuit, 1966 (avec Alain Darbel et Dominique Schnapper).

croyance artistique et le jeu même de l'art que par les philosophes en apparence les plus libérés du fétichisme artistique. Ainsi, c'est seulement la crainte que son contenu démonstratif (et critique) ne soit affecté par la déréalisation artistique qui m'a empêché par exemple d'autoriser un artiste conceptuel à utiliser dans une de ses œuvres un tableau statistique présentant les espérances mathématiques d'accès au musée selon le niveau d'instruction.)

Il n'est pas de meilleure mesure du discrédit structural dont la sociologie, comme tout ce qui en participe, est frappée dans le monde intellectuel, que la comparaison du sort qui lui est fait (le moindre des écrivains ou des philosophes d'aspiration se grandira objectivement et subjectivement en exprimant tout le mépris bien porté qu'il lui porte) avec le traitement qui est accordé à la psychanalyse, dont elle partage pourtant quelques traits importants, comme l'ambition de rendre compte scientifiquement des conduites humaines. Comme l'a montré Sarah Winter[12], la psychanalyse s'est parée de l'universalité et de la grandeur transhistoriques qui sont traditionnellement accordées aux tragiques grecs, savamment déshistoricisés et universalisés par la tradition scolaire. En inscrivant la nouvelle science dans la

---

12. Sarah Winter, *Freud and the Institution of Psychoanalytic Knowledge*, Stanford, Stanford University Press, 1999.

filiation de la tragédie de Sophocle, un des fleurons de la *Bildung* classique, Freud lui a donné ses lettres de noblesse académique. Et Lacan, en revenant aux sources grecques pour proposer de nouvelles interprétations de la tragédie de Sophocle, a réactivé cette filiation, attestée aussi par une écriture cumulant les obscurités et les audaces d'un Mallarmé et d'un Heidegger. Mais ce n'est là qu'un des facteurs qui expliquent l'affinité (au moins apparente) entre la psychanalyse, comme « cure des âmes », et le spiritualisme (voire, plus précisément, le catholicisme). Ce qui est sûr, c'est que la psychanalyse a été, au moins en France et dans les années soixante-dix, du côté des activités intellectuelles les plus nobles, les plus pures, bref, aux antipodes de la sociologie. Science plébéienne et vulgairement matérialiste des choses populaires, celle-ci est communément perçue, surtout dans les nations de vieille culture, comme attachée à des analyses grossières des dimensions les plus vulgaires, communes, collectives, de l'existence humaine et ses excursus vers la culture humaniste, prise comme référence ou comme objet, loin d'avoir l'effet d'une *captatio benevolentiae*, sont apparus comme des usurpations ou des intrusions sacrilèges bien faites pour redoubler l'exaspération des vrais croyants.

L'Université française, trop immergée dans les engouements littéraires du champ intellectuel et trop attentive aux préoccupations et aux consécrations journalistiques, n'offre pas au chercheur ce que lui assure outre-Atlantique un champ universitaire autonome et autosuffisant, avec en particulier ses réseaux serrés de spécialistes de différentes disciplines, ses formes d'échange scientifique à la fois souples et strictes, séminaires, colloques informels, etc. Cet ensemble cohérent d'institutions spécifiques procure des satisfactions propres à décourager la recherche des prestiges frelatés et des reconnaissances factices des univers extra-universitaires et met à l'abri des intrusions intempestives de la cohorte innombrable des essayistes, ces « bousilleurs », comme on disait au XIX$^e$ siècle des mauvais peintres, qui, perpétuant les ambitions démesurées de la khâgne, vivent en parasites semi-plagiaires sur les travaux des autres. (On peut, si l'on est tout à fait réaliste, accorder qu'ils jouent malgré tout un rôle, à long terme, dans la diffusion des travaux dont ils se sont nourris, tout en les occultant, et auxquels ils doivent l'apparence d'originalité qui fait leur succès, surtout à l'étranger.) C'est ce qui fait que je ne puis comparer le style global de mon travail scientifique, pourtant en dissidence permanente avec les grandes traditions humanistes de la France, et de quelques autres pays européens, à celui d'un chercheur américain comme Aaron Cicourel, avec qui je partage non seulement l'intérêt pour certains objets privilégiés, comme le système d'enseignement, mais aussi l'intention de fonder une théorie matérialiste de la connaissance, sans découvrir avec un peu d'envie le rôle irremplaçable qu'a joué, dans son cas, un environnement scientifique à la fois stimulant et exigeant.

Je me demande en effet si nombre des difficultés que notre groupe de recherche n'a pas cessé de rencontrer, à l'extérieur du champ universitaire mais surtout à l'intérieur, auprès des secteurs les plus hétéronomes de ce champ, ne tiennent pas au fait qu'en essayant d'introduire, à la manière des durkheimiens un siècle plus tôt, et au prix de difficultés analogues, la logique rigoureuse et modeste du travail collectif, et la morale qui va de pair, il s'est constitué en corps étranger, menaçant et inquiétant pour tous ceux qui ne peuvent vivre intellectuellement au-dessus de leurs moyens qu'au prix d'une collusion semi-mafieuse capable d'assurer une raison sociale de complaisance à leurs usurpations d'identité, leurs détournements de fonds culturels et leurs faux en écriture littéraire ou philosophique. Je pense en effet qu'une bonne part des réactions négatives ou hostiles que j'ai suscitées – et cela de plus en plus à mesure que l'autonomie du champ universitaire envers le champ journalistique tendait à s'affaiblir – tiennent, autant qu'au contenu critique de mes propos et de mes écrits (qui n'est évidemment pas sans effet, surtout lorsqu'il touche aux intérêts intellectuels), à l'existence du groupe que j'ai formé et surtout à ses particularités. Les métaphores employées pour le décrire lorsqu'il est évoqué dans les ragots ou dans les journaux sont celles de l'embrigadement politique (un entrefilet de *Libération* qui m'était consacré il y a quelques années parlait ni plus ni moins que d'« Albanie ») ou de l'affiliation sectaire. Ce qui n'est ni perçu ni compris, sinon pour s'en effrayer et s'en indigner, c'est l'intense fusion intellectuelle et affective qui, à des degrés et selon des modes différents selon les époques, unit les membres du groupe dans une participation à un mode d'organisation du travail de la pensée qui est parfaitement antinomique à la vision littéraire (et très parisienne) de la « création » comme acte singulier du chercheur isolé (vision qui incline tant de chercheurs mal formés et mal équipés intellectuellement à préférer les souffrances, les doutes et, bien souvent, les échecs et la stérilité du travail solitaire à ce qu'ils perçoivent comme l'aliénation dépersonnalisante d'une entreprise collective).

Comment nier que l'intense intégration intellectuelle et morale qui favorise un travail collectif à la fois heureux et hautement productif ne va pas sans le travail permanent d'incitation et d'unification qui incombe à l'animateur, sorte de chef d'orchestre ou de metteur en scène, ou encore, plus modestement, d'entraîneur, comme on dit dans le domaine du sport, auquel le groupe galvanisé confère en retour ses pouvoirs « charismatiques » par la reconnaissance affectueuse qu'il lui accorde ? Est-il besoin de dire que cette intégration est indissociable d'une mobilisation contre certains adversaires intellectuels et en faveur de certaines causes, inséparablement scientifiques et politiques ? Les membres du Centre[13], sans employer ces grands mots, agissaient comme des militants de l'universel ou, selon l'expression de Husserl, des « fonctionnaires de l'humanité », conscients de beaucoup recevoir de la collectivité, sous forme de salaire et d'informations notamment, et soucieux de le restituer. Il va de soi que le sérieux sans esprit de sérieux mais peut-être un peu trop grave et trop tendu qui soutenait le groupe, et aussi les normes élevées qu'il s'imposait en matière de travail et de publications, n'étaient pas faits pour être compris et applaudis par tous ceux qui, dans le monde même de la recherche, affectaient cette sorte de « distance au rôle » à laquelle se reconnaissent en France les intellectuels distingués. C'est pourquoi, par son existence autant que par ses productions, il enfermait quelque chose comme un défi et une mise en question. Et les effets d'école, qu'ils soient réels, comme l'affinité de style (à tous les sens du terme), ou fantasmés (comme le mythe du « clan » ou de la « secte »), n'ont pu que favoriser, encourager et, en tout cas, justifier des entreprises

---

13. Il s'agit du Centre de recherche de l'École des hautes études en sciences sociales que Pierre Bourdieu a dirigé et/ou animé dès le début des années soixante.

d'imitation et de distinction, mais surtout des résistances pouvant aller jusqu'à l'exclusion hors de toutes les instances de pouvoir sur la reproduction du corps, sans parler des agressions symboliques à travers des ragots et des rumeurs plus ou moins orchestrés par des rivaux puissants (à la fois dans l'université et dans le journalisme), qui émergent de loin en loin jusque dans les entrefilets ou les articles des journaux.

L'effet de champ s'exerce pour une part à travers la confrontation avec les prises de position de tout ou partie de ceux qui sont aussi engagés dans le champ (et qui sont eux-mêmes autant d'incarnations différentes, et antagonistes, de la relation entre un habitus et un champ) : l'espace des possibles se réalise dans des individus exerçant une « attraction » ou une « répulsion » qui dépend de leur « poids » dans le champ, c'est-à-dire de leur visibilité, et aussi de la plus ou moins grande affinité des habitus qui porte à trouver « sympathiques » ou « antipathiques » leur pensée et leur action. (À la différence de la postérité qui se trouve réduite aux œuvres, les contemporains ont une expérience directe ou quasi directe, par les journaux, par la radio, aujourd'hui par la télévision, mais aussi par la rumeur et le ragot, de la personne dans sa totalité, de son corps, de ses manières, de sa tenue vestimentaire, de sa voix, de son accent – autant de traits dont, sauf exception marquante, les récits ne laissent pas de trace –, mais aussi de ses fréquentations, de ses prises de position politiques, de ses amours et de ses amitiés, etc.) Ces sympathies et ces antipathies, qui tiennent à la personne autant qu'à ses œuvres, sont un des principes de nombre d'élections intellectuelles, qui restent tout à fait obscures et souvent vécues comme inexplicables, parce qu'elles engagent les deux habitus concernés.

Après avoir partagé un moment la vision du monde du « philosophe normalien français des années cinquante » que Sartre portait à son accomplissement – je pourrais dire, à son paroxysme – et, en particulier, la morgue avec laquelle, notamment dans *L'Être et le Néant*, il considérait les sciences de l'homme – psychologie, psychanalyse, sans parler, mais justement, il n'en parlait pas, de la sociologie –, je puis dire que je me suis construit, au sortir même de l'univers scolaire, et pour en sortir, contre tout ce que représentait pour moi l'entreprise sartrienne. Ce que j'aimais le moins en Sartre, c'est tout ce qui a fait de lui non seulement l'« intellectuel total », mais l'intellectuel idéal, la figure exemplaire de l'intellectuel, et en particulier, sa contribution sans équivalent à la mythologie de l'intellectuel libre, qui lui vaut la reconnaissance éternelle de tous les intellectuels. (Ma sympathie pour Karl Kraus tient au fait qu'il ajoute à l'idée de l'intellectuel telle que Sartre l'a construite et imposée une vertu essentielle, la réflexivité critique : il y a beaucoup d'intellectuels qui mettent en question le monde ; il y a très peu d'intellectuels qui mettent en question le monde intellectuel. Ce qui se comprend aisément si l'on voit qu'on ne peut se risquer à le faire sans s'exposer à voir retournées contre soi les armes de l'objectivation, ou, pire, à subir des attaques *ad hominem*, visant à détruire dans son principe, c'est-à-dire dans sa personne, son intégrité, sa vertu, quelqu'un qui ne peut apparaître que comme s'instituant, par ses interventions, en reproche vivant, lui-même sans reproche.)

Je ne me rangerai jamais, cependant, dans le camp de ceux qui, aujourd'hui, chantent la mort de Sartre et la fin des intellectuels ou qui, procédant de manière plus subtile, inventent un couple Sartre/Aron qui n'a jamais existé, pour donner la palme (de la raison et de la lucidité) à ce dernier. En fait, comment ne pas voir que, entre les deux figures (que Aron lui-même savait sans commune mesure), les ressemblances sont beaucoup plus grandes que les différences ? À commencer par ce qui me les rend l'un et l'autre, en dépit de tout, profondément sympathiques : je veux parler de ce que j'appellerai leur naïveté ou même leur innocence de grands adolescents bourgeois à qui tout a réussi (si je ne puis pas témoigner pour ce qui est de Sartre, j'ai assez connu et – faut-il le dire ? – aimé Raymond Aron pour être en mesure d'attester que l'analyste froid et désenchanté du monde contemporain cachait un homme sensible, voire tendre et sentimental, et un intellectuel croyant naïvement aux pouvoirs de l'intelligence). Purs produits d'une institution scolaire triomphante, qui accordait à son « élite » une reconnaissance inconditionnelle, faisant par exemple d'un concours scolaire de recrutement (l'agrégation de philosophie) une instance de consécration intellectuelle (il faut voir comment Simone de Beauvoir parle de tout cela dans ses mémoires[14]), ces sortes d'enfants prodiges par décret se voyaient conférer, à vingt ans, les privilèges et les obligations du génie. Dans une France économiquement et politiquement diminuée, mais toujours aussi assurée intellectuellement, ils pouvaient se consacrer en toute innocence à la mission que leur assignaient l'Université et toute une tradition universitaire habitée par la certitude de son universalité : c'est-à-dire une sorte de magistère universel de l'intelligence. Armés de leur seule intelligence – il suffit de regarder leurs *footnotes* pour voir qu'ils ne s'encombraient guère de savoirs positifs –, ils pouvaient s'affronter aux tâches intellectuelles les plus immenses, comme celle de fonder philosophiquement la science de la société ou de l'histoire, ou de trancher péremptoirement de la vérité ultime des régimes politiques ou de l'avenir de l'humanité. Mais leur assurance sans limites avait pour contrepartie la reconnaissance sans concession des obligations attachées à leur dignité.

---

14. Simone de Beauvoir, *La Force des choses*, Paris, Gallimard, 1963.

Il n'est personne qui ait cru plus que Sartre à la mission de l'intellectuel et qui ait fait plus que lui pour apporter à ce mythe intéressé la force de la croyance sociale. Ce mythe, et Sartre lui-même, qui, dans la splendide innocence de sa générosité, en est à la fois le producteur et le produit, le créateur et la créature, je crois (par un effet, sans doute, de la même innocence) qu'il faut le défendre à tout prix, envers et contre tous, et peut-être avant tout contre une interprétation sociologiste de la description sociologique du monde intellectuel : même s'il est encore beaucoup trop grand pour les plus grands des intellectuels, le mythe de l'intellectuel et de sa mission universelle est une de ces ruses de la raison historique qui font que les intellectuels les plus sensibles aux profits d'universalité peuvent être conduits à contribuer, au nom de motivations qui peuvent n'avoir rien d'universel, au progrès de l'universel.

Autre « phare » (la métaphore est peut-être plate, malgré Baudelaire, mais elle dit bien ce que représentent, pour un nouvel entrant, certains personnages constitués sinon toujours en modèles, du moins en repères), un personnage à peu près parfaitement antithétique, Georges Canguilhem, qui m'a beaucoup aidé à concevoir la possibilité réaliste de vivre la vie intellectuelle autrement. C'est sans doute dans la relation à Sartre que se livre ce qu'il y avait, chez cet homme et dans son œuvre, qui ait pu inspirer une telle admiration et une telle affection à toute une génération de penseurs français. Prolongeant l'œuvre de Gaston Bachelard dont il a donné une présentation admirable[15], Georges Canguilhem a produit une contribution décisive à l'épistémologie historique ou, mieux, à l'historicisation de l'épistémologie, à l'analyse rigoureuse de la genèse des concepts scientifiques et des obstacles historiques à leur émergence, à travers notamment des descriptions cliniques des pathologies de la pensée scientifique, des fausses sciences et des usages politiques de la science, notamment la biologie. Par là, il représente sans doute ce qu'il y a de mieux dans la tradition du rationalisme que l'on peut dire français, dans la mesure où il est enraciné dans une tradition politique, ou, mieux, civique, bien qu'il soit, selon moi, vraiment universel (comme l'atteste, par exemple, sa fortune outre-Atlantique, à travers Koyré et Kuhn).

Ce qui en a fait, pour moi et aussi, je crois, pour beaucoup d'autres, une figure exemplaire, c'est sa dissonance, pour ne pas dire sa résistance : bien qu'il ait occupé, au cœur du système universitaire, les positions en apparence les plus conformes, il n'était pas pleinement de ce monde qui, au demeurant, lui accordait tous les signes de reconnaissance et auquel il rendait

---

15. Georges Canguilhem, *Études d'histoire et de philosophie des sciences*, Paris, Vrin, 1968.

tous les devoirs. Il remplissait simplement, sans complaisance ni emphase, mais aussi sans concessions, sa fonction de professeur et de professeur de philosophie : il ne faisait jamais le philosophe. Ceux qui évoquent sa mémoire parlent de sa voix rocailleuse et de son accent qui lui donnaient l'air d'être toujours en colère, comme le regard de biais, associé à un sourire ironique, dont il accompagnait ses jugements sans indulgence sur les mœurs académiques. Marqué par la tradition d'une région et d'un milieu où, comme en témoigne la vibration de la voix ou la rudesse du regard, le corps est toujours engagé, mis en jeu, dans la parole, il n'était guère disposé à entrer dans les jeux gratuits de la pensée irresponsable auxquels certains identifient la philosophie ou dans l'exaltation mystico-littéraire de la pensée hölderlino-heideggerienne qui enchante les poètes penseurs.

Il m'avait pris en affection, par un de ces mouvements d'une sympathie obscure à elle-même qui s'enracine dans l'affinité des habitus. Je me rappelle qu'après l'agrégation, il m'avait proposé un poste au lycée de Toulouse, croyant me faire le plus grand plaisir en me renvoyant au « pays » et qu'il avait été très étonné, et peut-être un peu choqué, de me voir refuser (pour choisir le lycée de Moulins qui me rapprochait de Clermont-Ferrand et de Jules Vuillemin). Lorsque j'avais pensé à une thèse, je m'étais tourné vers lui, plutôt que vers Jean Hippolyte, par exemple, comme d'autres, dans une sorte de rapport d'identification dont beaucoup de signes me permettent de croire qu'il était à double sens (il m'avait aménagé une carrière universitaire et scientifique calquée sur la sienne). Ensuite, quand j'allais le voir, dans son bureau de la rue du Four, il me gardait des après-midi entières (il puisait dans sa bibliothèque, pour me les donner, des tirés à part, souvent dédicacés, de grands savants étrangers, comme Cannon) et je ne le quittais que lorsque la nuit commençait à tomber. J'étais frappé de voir que sa pensée et sa parole ne connaissaient pas ces chutes de tension, pour moi si décevantes, que j'observais chez tant d'autres philosophes de ma connaissance (certains fort éblouissants et profonds quand ils parlaient de Kant ou de Malebranche), lorsque l'on passait des sujets les plus techniques de la philosophie ou de la science aux questions triviales de la vie. Il disait, avec un bonheur extraordinaire d'expression, des choses qui me paraissaient d'une grande liberté et d'une profonde sagesse.

Après une période de brouille (il m'en avait beaucoup voulu de n'avoir pas accepté le poste qu'il m'avait réservé au lycée Pierre-Fermat de Toulouse, où il avait lui-même débuté), nous avions repris nos échanges et nous avons souvent bavardé pendant les journées de Mai 1968, qui furent pour lui une épreuve : il faisait partie de ces oblats qui avaient tout donné à l'École et qui vivaient la sympathie de leurs élèves (de ma génération) pour le mouvement étudiant comme une trahison inspirée par l'opportunisme ou l'ambition. Il me disait, parce qu'il le découvrait sans doute à cette occasion, combien avait été difficile pour lui l'adaptation au monde scolaire (par exemple, lorsqu'il était arrivé, jeune interne, au lycée de Castelnaudary, il ne savait pas ce que c'était que des lavabos). Il me semble qu'il prenait conscience, pour la première fois, de ce qui le séparait de ses camarades de l'École normale, Sartre ou Aron (ce dernier jouait au tennis, à un très haut niveau, alors que lui, il jouait au rugby), et qui, bien que la puissance intégratrice de l'école républicaine l'ait amené à l'oublier ou à le refouler, était au principe, peut-être, de cette sorte de fureur qui semblait l'habiter en permanence, sous les dehors de la civilité la plus chaleureuse, et qui se déclarait parfois, devant certaines formes d'incompétence arrogante.

Il a laissé à d'autres le devant de la scène : ils ont eu beau jeu de louer sa modestie, son intégrité et sa rigueur. Il lui arrivait d'écrire dans *La Dépêche de Toulouse* (c'est là que je l'ai lu, je crois, pour la première fois, pendant mes vacances d'été), tandis que d'autres écrivaient dans les grands journaux parisiens ; il a résisté (je ne parle pas seulement de la période de l'Occupation) à toutes les formes de compromission avec le siècle. Et ceux qui ne lui pardonnent pas ses jugements impitoyables, ou sa seule existence, peuvent même lui faire grief d'avoir rempli jusqu'au bout sa fonction de « mandarin » – il a été successivement professeur de khâgne, inspecteur général, membre du jury d'agrégation – au lieu de s'adonner à des activités plus conformes à l'image du philosophe libre. Il n'a jamais donné d'interviews, jamais parlé à la radio ou à la télévision. (J'ai vérifié qu'il s'agissait d'un parti bien délibéré : un ami commun m'ayant dit que s'il faisait une exception, ce pourrait être pour moi, je lui ai proposé un jour de faire un entretien, et, après m'avoir demandé, avec un sourire en coin, ce que je voulais tant savoir, il m'a parlé d'un tas de choses très personnelles, que je n'avais jamais ni lues, ni entendues, mais en prenant soin de le faire pendant que nous étions debout, dans une petite rue de la Montagne-Sainte-Geneviève, c'est-à-dire dans des conditions où toute forme d'enregistrement était exclue.)

Bien que Georges Canguilhem, et d'autres philosophes, comme Jules Vuillemin, ou, dans ma génération, Jean-Claude Pariente, Henri Joly et Louis Marin, n'aient pas cessé d'en faire partie, au moins pendant la longue période de transition entre la philosophie et les sciences sociales (je leur donnais à lire ce que j'écrivais, avant publication, et je leur parlais de mes recherches), la vie scientifique était ailleurs. Pour reconstituer l'espace des possibles qui s'offrait à moi, il faut commencer par décrire l'état des sciences sociales tel qu'il m'apparaissait, et en particulier la position relative des différentes disciplines ou spécialités. La sociologie de ce temps est un monde clos où toutes les places sont assignées : d'abord la génération des anciens, Georges Gurvitch, qui tient la Sorbonne de manière assez despotique, Jean Stoetzel, qui enseigne la psychologie sociale à la Sorbonne et dirige le Centre d'études sociologiques, mais aussi l'IFOP, et contrôle le CNRS, et enfin Raymond Aron, récemment nommé à la Sorbonne, qui, pour la perception indigène, spontanément relationnelle, apparaît comme offrant une ouverture inespérée à ceux qui veulent échapper à l'alternative de la sociologie théoriciste de Gurvitch et de la psychosociologie scientiste et américanisée de Stoetzel ; ensuite, la génération des jeunes en ascension, tous autour de la quarantaine, qui se partagent la recherche et les pouvoirs selon une division en spécialités, souvent définies par des concepts du sens commun, et clairement réparties comme autant de fiefs : la sociologie du travail, avec Alain Touraine, Jean-Daniel Reynaud et Jean-René Tréanton ; la sociologie de l'éducation, avec Viviane Isambert ; la sociologie de la religion, François-André Isambert ; la sociologie rurale, Henri Mendras ; la sociologie urbaine, Paul-Henri Chombard de Lauwe ; le loisir, Joffre Dumazedier, et sans doute quelques autres provinces mineures ou marginales que j'oublie. L'espace est balisé par trois ou quatre grandes revues de fondation récente, la *Revue française de sociologie*, contrôlée par Stoetzel et quelques « barons » de la deuxième génération (Raymond Boudon en héritera quelques années après), *Les Cahiers internationaux de sociologie*, contrôlée par Gurvitch (puis héritée par Georges Balandier), les *Archives européennes de sociologie*, fondée par Aron et tenue, avec beaucoup de rigueur, par Éric de Dampierre, et quelques revues secondaires, peu structurantes – un peu comme Georges Friedmann du côté des maîtres anciens –, *Sociologie du travail* et *Études rurales*. Tout ce qui pouvait paraître nouveau, dans le champ des sciences sociales, se trouvait alors rassemblé à l'École pratique des hautes études, animée par Fernand Braudel qui, bien que critique de mes premiers travaux sur l'Algérie, parce qu'ils faisaient selon lui trop peu de place à l'histoire, m'a toujours donné un soutien très amical et très confiant, tant dans ma recherche que dans la gestion du Centre de sociologie européenne – avec l'incomparable animateur-agitateur scientifique qui le secondait en tout (en le précédant parfois…), Clemens Heller.

(Le passage que Raymond Aron m'avait consacré dans ses mémoires était une évocation très partiale de ma longue relation avec lui qui, en 1960, à la veille du putsch des colonels, m'avait permis de regagner Paris d'urgence, dette inoubliable, en m'offrant de devenir son assistant. (J'étais entré en relation avec lui, peu avant, sur le conseil de Clémence Ramnoux, professeur de philosophie grecque à la faculté d'Alger qui avait été sa condisciple à l'École normale, et qui m'avait conseillé de lui demander de diriger, en vue d'une thèse, les travaux que je menais, à d'autres fins, sur l'Algérie, et il m'avait très chaleureusement accueilli – où l'on voit, une fois de plus, le rôle de l'École normale dans les hasards apparents dont est faite ma carrière.) Reconstruction rétrospective, orientée par l'amertume liée à la crise finale, son analyse s'appuyait, comme l'attestent les allusions au traitement que j'étais censé faire subir à mes disciples, sur une perception sélective et très mal informée de certains événements (ceux notamment qui étaient liés à l'élection de sa fille, qui avait étudié et travaillé avec moi, à l'École des hautes études) ; événements dont il n'avait qu'une connaissance et une compréhension très imparfaites. Peu de personnes m'ont reconnu aussi tôt et aussi complètement que lui – et cela jusque dans le reproche qu'il m'adressait souvent et par lequel il me disait les craintes qu'il avait pour moi : « Vous êtes comme Sartre, vous avez un système de concepts trop tôt ». Je me souviens de ces longues soirées, dans son appartement du quai de Passy, où il discutait mes esquisses très amicalement, et d'égal à égal, sur la base sans doute de la fraternité normalienne (qui l'amènera quelques années plus tard, lorsque, après *Les Héritiers*[16] et peu avant 1968, nos relations devenaient plus tendues, à entreprendre de me tutoyer, à ma grande gêne). Peut-être à cause aussi de l'estime que m'accordait Canguilhem, avec qui il parlait de moi.

Au moment où, pour me débarrasser de la thèse qui me pèse beaucoup et dont la «logique» m'impose de faire précéder ce que j'ai à dire vraiment (la théorie de la pratique qui, toute idée de doctorat abandonnée, deviendra l'*Esquisse*[17]) de deux énormes parties purement scolaires, l'une sur l'expérience première du monde social, d'inspiration phénoménologique, l'autre sur la conception structuraliste de la langue et, par transposition, de la culture, je lui propose de rassembler les travaux qui ont servi de base à *Travail et travailleurs en Algérie*[18] et au *Déracinement*[19], en ajoutant un troisième ensemble sur l'économie domestique des familles algériennes, fondé sur une grosse enquête

---

16. *Les Héritiers. Les étudiants et la culture*, Paris, Minuit, 1964 (avec Jean-Claude Passeron).

17. *Esquisse d'une théorie de la pratique, précédé de trois études d'ethnologie kabyle*, Genève, Droz, 1972 ; réédition, Paris, Seuil, 2000.

18. *Travail et travailleurs en Algérie*, Paris-La Haye, Mouton, 1963 (avec Alain Darbel, Jean-Paul Rivet et Claude Seibel).

19. *Le Déracinement. La crise de l'agriculture traditionnelle en Algérie*, Paris, Minuit, 1964 (avec Abdelmalek Sayad).

statistique (complètement analysée, elle dort dans un placard au Collège), il me dit : « Ce ne serait pas digne de vous », mise en garde sincère et profondément généreuse, mais très ambiguë aussi, en tant que forme parfaite de la violence symbolique qu'on exerce sans le savoir, parce qu'on la subit dans le moment et le mouvement même où on l'exerce. Je ne dirai pas plus sur ma relation avec lui, à laquelle il tenait beaucoup, je crois, entre autres raisons parce que j'avais pour principe de ne jamais lui mentir, tout en accentuant, plus ou moins consciemment, les points d'accord, dans l'intention, elle quasi consciente, et sans doute un peu naïve, de le servir en réveillant ainsi les velléités ou les virtualités critiques par où il se serait rapproché de la fraction la plus vivante de l'intelligentsia, toujours aussi fascinante pour lui (il m'a mainte fois et de mainte façon manifesté l'immense admiration qu'il gardait pour Sartre), mais sans jamais masquer les points de désaccord, surtout en politique. Sinon que notre « rupture », si elle a jamais eu lieu (je le revoyais de loin en loin pour d'interminables discussions propres à inquiéter ses amis conservateurs, qui l'avaient « repris en main » après 1968), a eu pour cause non je ne sais quel désaccord, politique ou autre, mais un chagrin à la mesure, je crois, de l'affection, sans doute excessive, qu'il m'avait portée – et que, selon lui, j'avais déçue.)

*L'Homme*, revue fondée et contrôlée par Lévi-Strauss, occupe une place tout à fait à part, dominante : bien qu'elle soit consacrée presque exclusivement à l'ethnologie, elle exerce une grande attraction sur une partie des nouveaux entrants (dont je suis). Par où se rappelle la position éminente de l'ethnologie, et la position dominée de la sociologie. Il faudrait même dire doublement dominée : dominée dans le champ des sciences dures, où elle a du mal à se faire accepter, alors que l'ethnologie, à travers Lévi-Strauss, se bat pour imposer sa reconnaissance comme science à part entière (en usant notamment de la référence à la linguistique, alors à son zénith) ; dominée aussi dans le champ universitaire où les « sciences humaines » restent, pour beaucoup de philosophes, encore pleins d'assurance statutaire, et de littéraires soucieux de distinction, des tard venues et des parvenues. On ne s'étonnera pas de trouver dans cette discipline refuge, très ou trop accueillante ou, comme le dit joliment Yvette Delsaut, « peu intimidante », une petite couche de professeurs enseignant l'histoire de la discipline et pratiquant peu la recherche, et une « masse » (en fait pas très nombreuse) de chercheurs rattachés au CNRS et à quelques autres institutions qui, issus des origines scolaires les plus diverses (la licence de sociologie n'existant pas au moment de l'entrée de la deuxième génération), se consacrent surtout à des recherches empiriques aussi peu armées théoriquement qu'empiriquement – autant d'indices et de facteurs d'une énorme dispersion (du point de vue notamment du niveau), peu favorable à l'instauration d'un univers de discussion rationnelle. Il n'est pas excessif, je crois, de parler à son propos de *discipline paria* : la « dévaluation » qui, dans un milieu intellectuel pourtant très occupé et préoccupé de politique – mais beaucoup d'engagements, au Parti communiste notamment, sont encore une façon paradoxale de tenir le monde social à distance –, affecte tout ce qui touche aux choses sociales vient en effet redoubler – ou fonder – une position dominée dans le champ universitaire. (Et l'on verra ainsi, en lisant Frédérique Matonti[20], comment les intellectuels communistes regroupés autour de *La Nouvelle Critique* parviennent à reproduire dans leurs débats en apparence largement ouverts sur l'univers entier les préoccupations, les oppositions et les hiérarchies du petit monde clos des khâgnes et de l'École normale, dont Louis Althusser est sans doute la figure exemplaire.)

Le monde social est absent, parce que ignoré ou refoulé, d'un monde intellectuel qui peut paraître obsédé par la politique et les réalités sociales. Alors que les interventions proprement politiques, pétitions,

---

20. Frédérique Matonti, *La double illusion*, La Nouvelle Critique*, une revue du PCF, 1966-1980*, Paris, La Découverte, 2004.

manifestes ou déclarations, même les plus aventureuses intellectuellement, peuvent apporter du prestige à leurs auteurs, ceux qui s'adonnent à la connaissance directe des réalités sociales sont à la fois un peu méprisés (on sait que le prestige des spécialités historiques s'accroît avec l'éloignement dans le temps des périodes étudiées), et, comme dans les régimes soviétiques, discrètement suspectés : c'est ainsi que, dans un bon condensé du sens normalien des hiérarchies scolaires et de l'adhésion aux préjugés « marxistes », les althusseriens parlaient de « sciences *dites* sociales ». Et il n'est pas de philosophe, d'écrivain ou même de journaliste qui, si minuscule soit-il, ne se sente autorisé à faire la leçon au sociologue, surtout, évidemment, s'il s'agit d'art ou de littérature, et en droit d'ignorer les acquis les plus élémentaires de la sociologie, même lorsqu'il s'agit de parler du monde social, et qui ne soit profondément convaincu que, quel que soit le problème, il faut « aller au-delà de la socio-logie » ou « dépasser l'explication purement socio-logique », et qu'un tel dépassement est à la portée du premier venu.

Ma perception du champ sociologique doit aussi beau-coup au fait que la trajectoire sociale et scolaire qui m'y avait conduit me singularisait fortement. De plus, reve-nant d'Algérie avec une expérience d'ethnologue qui, menée dans les conditions difficiles d'une guerre de libération, avait marqué pour moi une rupture décisive avec l'expérience scolaire, j'étais porté à une vision assez critique de la sociologie et des sociologues, celle du philosophe se renforçant de celle de l'ethnologue, et surtout, peut-être, à une représentation assez désenchantée, ou réaliste, des prises de position individuelles ou collectives des intellectuels, pour lesquelles la question algérienne avait constitué, à mes yeux, une exceptionnelle pierre de touche.

Il n'est pas facile de penser et de dire ce qu'a été pour moi cette expérience et en particulier le défi intellectuel et aussi personnel qu'a représenté cette situation tragique, qui ne se laissait pas enfermer dans les alternatives ordinaires de la morale et de la politique. J'avais refusé de faire l'École des officiers de réserve, sans doute pour une part parce que je ne supportais pas l'idée de me dissocier des simples soldats et aussi à cause du peu de sympathie que j'éprouvais pour les candidats EOR, souvent des HEC et des juristes avec qui je n'avais pas beaucoup d'atomes crochus. Après trois mois de classes assez durs à Chartres (je devais sortir des rangs à l'appel de mon nom pour recevoir, sur le front des troupes rassemblées, le journal *L'Express*, qui était devenu le symbole d'une politique progressiste en Algérie, et auquel je m'étais un peu naïvement abonné), j'avais d'abord abouti au Service psychologique des armées de

Versailles, en suivant une filière normalienne très privilégiée. Mais des discussions violentes avec des officiers de haut rang qui voulaient me convertir à « l'Algérie française » m'ont valu d'être désigné pour partir en Algérie. L'armée de l'air avait constitué un régiment, sorte de sous-infanterie chargée de garder des bases aériennes et des lieux stratégiques, avec tous les illettrés de la Mayenne et de toute la Normandie et quelques fortes têtes (notamment quelques ouvriers communistes de chez Renault, lucides et sympathiques, qui m'avaient dit combien ils étaient fiers de « leur » cellule de l'École normale).

Pendant le voyage en bateau, j'essaie vainement d'endoctriner mes camarades, pleins de souvenirs militaires hérités et en particulier de toutes les histoires du Vietnam sur les dangereux terroristes qui vous poignardent dans le dos (ils avaient, avant même de toucher le sol de l'Algérie, acquis et assimilé, au contact des sous-officiers chargés de l'instruction, tout le vocabulaire du racisme ordinaire : terroristes, fellaghas, fellouzes, bicots, ratons, etc. – et la vision du monde associée). Nous sommes affectés à la garde d'une énorme réserve d'explosifs dans la plaine près d'Orléansville. Long et dur. Jeunes officiers arrogants, détenteurs du premier bac qui ont été rappelés, puis intégrés et promus. L'un d'eux fait le concours de mots croisés du *Figaro* et me demande de l'aide au vu et au su de tous.

Mes camarades ne comprennent pas pourquoi je ne suis pas officier. Ayant peine à dormir, je prends souvent à leur place leur tour de garde. Ils me demandent de les aider à écrire à leur petite amie. Je leur fais des lettres en vers de mirliton. Leur soumission extrême à la hiérarchie et à tout ce qu'elle impose met à rude épreuve ce qu'il reste en moi de populisme, nourri de la sourde culpabilité de participer à l'oisiveté privilégiée de l'adolescent bourgeois, qui m'avait porté à quitter l'École normale, aussitôt après l'agrégation, pour aller enseigner et être utile à quelque chose, alors que j'aurais pu profiter d'une quatrième année.

J'ai commencé à m'intéresser à la société algérienne dès que, dans les derniers mois de mon service militaire, grâce à la protection d'un colonel béarnais, que mes parents avaient sollicité par l'intermédiaire de membres de sa famille habitant un village proche, j'ai pu échapper au sort que je m'étais choisi et qui m'était devenu très difficile à supporter. Détaché au cabinet militaire du Gouvernement général où j'étais soumis aux obligations et aux horaires d'un deuxième classe employé aux écritures (rédaction de courrier, contribution à des rapports, etc.), j'ai pu entreprendre d'écrire un petit livre (un « Que sais-je ? »[21]) dans lequel j'essayerais de dire

---

21. *Sociologie de l'Algérie*, Paris, PUF (coll. Que sais-je ?), 802, 1958, réédition 2001.

aux Français, surtout de gauche, ce qu'il en allait vraiment d'un pays dont ils ignoraient souvent à peu près tout – cela, encore une fois, pour servir à quelque chose, et peut-être aussi pour conjurer la mauvaise conscience de témoin impuissant d'une guerre atroce. Tout en me disant que je n'allais à l'ethnologie et à la sociologie, dans les débuts, qu'à titre provisoire, et que, une fois achevé ce travail de pédagogie politique, je reviendrais à la philosophie (d'ailleurs, pendant tout le temps que j'écrivais *Sociologie de l'Algérie* et que je menais mes premières enquêtes ethnologiques, je continuais à écrire chaque soir sur la structure de l'expérience temporelle selon Husserl), je m'engageais totalement, à corps perdu, sans crainte de la fatigue ni du danger, dans une entreprise dont l'enjeu n'était pas seulement intellectuel. (Sans doute la transition s'était-elle trouvée facilitée par le prestige extraordinaire que cette discipline avait acquis, auprès des philosophes mêmes, grâce à l'œuvre de Lévi-Strauss, qui avait aussi contribué à cet ennoblissement en substituant à la désignation traditionnelle de la discipline l'appellation anglaise d'anthropologie et en cumulant ainsi les prestiges du sens allemand – Foucault traduisait à ce moment-là *L'Anthropologie* de Kant[22] – et la modernité du sens anglo-saxon.)

---

22. Emmanuel Kant, *L'Anthropologie du point de vue pragmatique*, Paris, Vrin, 1964.

Mais il y avait aussi, dans l'excès même de mon engagement, une sorte de volonté quasi sacrificielle de répudier les grandeurs trompeuses de la philosophie. Depuis longtemps, sans doute orienté par mes dispositions originelles, je cherchais à m'arracher à ce qu'avait d'irréel, sinon d'illusoire, une bonne partie de ce que l'on associait alors à la philosophie : j'allais vers la philosophie des sciences, l'histoire des sciences, les philosophes les plus enracinés dans la pensée scientifique, comme Leibniz, et j'avais déposé, auprès de Georges Canguilhem, un sujet de thèse sur « Les structures temporelles de la vie affective » pour lequel je comptais m'appuyer à la fois sur des œuvres philosophiques comme celle de Husserl et sur des travaux de biologie et de physiologie. Je trouvais dans l'œuvre de Leibniz, dont la lecture m'obligeait à apprendre des mathématiques (le calcul différentiel et intégral, la topologie) et un peu de logique, une autre occasion d'identification réactionnelle (je me souviens de mon indignation contre tel commentaire, aussi nul que ridicule, parce que toujours dans le registre du grandiose, qu'Hippolyte avait fait d'un passage des *Animadversiones* de Leibniz à propos d'une « surface finie de longueur infinie », que le calcul intégral permet de connaître, et qu'il avait convertie, au prix d'une erreur grossière d'accord grammatical sur le texte latin, en une « surface infinie de longueur finie », infiniment plus métaphysique).

J'ai ainsi compris rétrospectivement que j'étais entré en sociologie et en ethnologie, pour une part, par un refus profond du point de vue scolastique, principe d'une hauteur, d'une distance sociale, dans laquelle je n'ai jamais pu me sentir à l'aise, et à laquelle prédispose sans doute le rapport au monde associé à certaines origines sociales. Cette posture me déplaisait, et depuis bien longtemps, et le refus de la vision du monde associée à la philosophie universitaire de la philosophie avait sans doute beaucoup contribué à m'amener aux sciences sociales et surtout à une certaine manière de les pratiquer. Mais je devais découvrir très vite que l'ethnologie, ou du moins la façon particulière de la concevoir qu'incarne Lévi-Strauss et que condense sa métaphore du « regard éloigné », permet aussi, de manière assez paradoxale, de tenir à distance le monde social, voire de le « dénier », au sens de Freud, et, par là, de l'esthétiser. Deux anecdotes me paraissent dire très exactement, sur le mode de la parabole ou de la fable, toute la différence entre l'ethnologie et la sociologie (au moins telle que je l'entends). Lors de la visite que je lui faisais, à l'occasion de ma candidature au Collège de France, un historien de l'art qui m'était très hostile pour des raisons qui n'étaient pas seulement politiques (il avait écrit, à la une du *Monde*, un article très mal intentionné à propos de Panofsky, au moment où j'avais publié *Architecture gothique et pensée scolastique*[23]), et qui, pour me démolir, avait fait courir le bruit que j'étais membre du Parti communiste, me dit : « Quel dommage que vous n'ayez pas écrit seulement votre maison kabyle ! » Un égyptologue, secrétaire perpétuel de l'Académie des sciences morales et politiques, une des institutions les plus conservatrices de la France culturelle, qui en compte beaucoup, me dit, à l'occasion de la réception de rentrée – je ne lui avais pas rendu visite, il était absent de Paris –, en faisant allusion au score extraordinaire (deux voix) que j'avais obtenu au vote de ratification de l'élection du Collège par l'Institut (procédure de pure forme, malgré quelques « accidents » sans conséquence du passé, associés aux noms de Boulez, qui, réalité ou légende, obtint deux voix, et Merleau-Ponty, trois) : « Mes collègues (ou confrères, je ne sais plus) n'ont pas beaucoup apprécié que vous écriviez sur les nécrologies des anciens élèves de l'École normale supérieure. » (Il faisait allusion à un article sur « les catégories de l'entendement professoral[24] » où j'avais pris pour objet les nécrologies publiées dans le *Bulletin des anciens élèves de l'ENS*.) On a là une bonne

---

23. Postface à Erwin Panofsky, *Architecture gothique et pensée scolastique*, Paris, Minuit, 1967.
24. *Actes de la recherche en sciences sociales*, 3, mai 1975, p. 68-93 (avec Monique de Saint Martin).

mesure de la distance, souvent inaperçue, entre la sociologie, surtout lorsqu'elle s'affronte au plus brûlant du présent (qui n'est pas nécessairement là où on le croit, c'est-à-dire sur le terrain de la politique), et l'ethnologie qui autorise ou même favorise, tant chez les auteurs que chez les lecteurs, les postures esthètes : n'ayant jamais pleinement rompu avec la tradition du voyage littéraire et le culte artiste de l'exotisme (lignée dans laquelle s'inscrivent les *Tristes tropiques*[25] de Lévi-Strauss, mais aussi une bonne part des écrits des Leiris ou Métraux, tous trois liés dans leur jeunesse aux mouvements artistiques d'avant-garde), cette science sans enjeu actuel, autre que purement théorique, peut à la rigueur remuer l'inconscient social (je pense par exemple au problème de la division du travail entre les sexes), mais très délicatement, sans jamais brutaliser ni traumatiser.

(Je pense que, bien qu'il m'ait toujours accordé un soutien très généreux (c'est lui qui, avec Braudel et Aron, m'a fait entrer, très jeune, et alors que je n'avais encore presque rien publié, à l'École pratique des hautes études et qui m'a appelé, le premier, pour me parler du Collège de France) et bien qu'il m'ait aussi toujours écrit des choses très gentilles et très élogieuses à propos de chacun de mes livres, Lévi-Strauss n'a jamais éprouvé

---

25. Claude Lévi-Strauss, *Tristes tropiques*, Paris, Plon, 1955.

une très grande sympathie pour les orientations fonda-
mentales de mon travail et pour le rapport au monde
social que j'engageais dans mes travaux d'ethnologie et,
plus encore, de sociologie (je me souviens qu'il m'avait
posé des questions étrangement naïves à propos de la
sociologie de l'art notamment). De mon côté, tout en
lui portant une immense admiration, et en m'inscrivant
dans la tradition qu'il avait créée (ou recréée), j'avais très
vite découvert chez lui, outre l'objectivisme que j'ai
explicitement critiqué dans l'*Esquisse d'une théorie de la
pratique* et dans *Le Sens pratique*[26], un naturalisme
scientiste qui, manifeste dans les métaphores et les références, souvent superficielles, aux sciences de la nature
– à la cladistique par exemple – dont il parsemait ses
écrits, sous-tendait sa vision, profondément déshistori-
cisée, de la réalité sociale ; comme si la science de la
nature était pour lui, outre une source d'inspiration et
d'« effets de science », un instrument d'ordre, lui per-
mettant de légitimer une vision du monde social fondée sur la dénégation du social (à laquelle contribue
aussi l'esthétisation). Je me souviens que, à une époque
où il était entouré d'une aura de progressisme critique
– il discutait avec Sartre et Maxime Rodinson à propos
du marxisme –, il avait distribué, dans son séminaire de
l'École des hautes études, un texte de Teilhard de Char-

---

26. *Le Sens pratique*, Paris, Minuit, 1980.

din, jetant dans la stupéfaction ses suiveurs les plus inconditionnels. Mais la vision profondément conservatrice qui a toujours été au principe de sa pensée se dévoile ou se trahit sans équivoque dans *Le Regard éloigné*[27], avec l'éloge de l'Allemagne et de Wagner, l'apologie de la peinture réaliste, la défense de l'éducation autoritaire et répressive (il avait écrit, en 1968, un texte assez médiocre sur la « révolte étudiante » qu'il interprétait comme un conflit de générations et, dans sa conférence Marc Bloch de juillet 1983, il avait critiqué, sous le concept ambigu, et plus politique que scientifique, de « spontanéisme », à la fois la subversion des étudiants de 1968 qui, comme Aron, Braudel, Canguilhem, et beaucoup d'autres, l'avait profondément mis en question, et la critique du « structuralisme », à laquelle j'avais contribué, notamment avec l'*Esquisse* : il n'avait pu, ou voulu, comprendre que comme une régression en deçà de la vision objectiviste qu'il avait imposée en ethnologie, c'est-à-dire un retour au subjectivisme, au sujet et à son expérience vécue, dont il avait entendu débarrasser l'ethnologie et que, avec la notion d'habitus, je récusais tout aussi radicalement que lui).

Le service militaire terminé, pour pouvoir continuer les recherches que j'avais entreprises et qui me tenaient de plus en plus à cœur, j'ai pris un poste d'assistant à la

---

27. Claude Lévi-Strauss, *Le Regard éloigné*, Paris, Plon, 1983.

faculté des lettres d'Alger et, surtout à l'occasion des petites et grandes vacances scolaires, j'ai pu mener mes recherches ethnologiques, puis, grâce à l'antenne algérienne de l'INSEE, sociologiques. Je peux dire que, tout au long des années que j'ai passées en Algérie, je n'ai pas cessé d'être, si je puis dire, sur le terrain, menant des observations plus ou moins systématiques (j'avais ainsi recueilli par exemple plusieurs centaines de descriptions d'ensembles vestimentaires avec l'intention de rapporter les différentes combinaisons possibles d'éléments empruntés au costume européen et aux différentes variantes de l'habillement traditionnel, chéchia, turban, sarouel, etc., aux caractéristiques sociales de leurs porteurs), prenant des photographies, réalisant des enregistrements volés de conversations dans les lieux publics (j'avais eu, un moment, l'intention d'étudier les conditions du passage d'une langue à une autre et j'ai poursuivi l'expérience un moment en Béarn, où c'était plus facile pour moi), entretiens avec des informateurs, enquêtes par questionnaire, dépouillement d'archives (j'ai passé des nuits entières à recopier des enquêtes sur l'habitat, enfermé, après le couvre-feu, dans la cave de l'office HLM), administrant des tests dans les écoles, menant des discussions dans des centres sociaux, etc. La *libido sciendi* un peu exaltée qui m'animait et qui s'enracinait dans une sorte de passion pour tout ce qui touchait ce pays, ses gens, ses paysages, et aussi dans la sourde et constante sensation de culpabilité et de révolte devant tant de souffrance et d'injustice, ne connaissait pas de repos, pas de limite. (Je me souviens par exemple de ce jour, assez sinistre, d'automne, où je montais vers Aït Hichem, village de Grande Kabylie, lieu de mes premières enquêtes sur la structure sociale et sur le rituel. À Tizi Ouzou, on entend le claquement sourd des mitrailleuses ; on s'engage dans la vallée, par une route jonchée, tout du long, de carcasses de voitures carbonisées ; dans la montée vers le col, au-dessus d'un virage, au sommet d'une sorte de cône de déjection situé dans l'alignement de la route, un bonhomme en djellaba, un fusil entre les genoux. Sang-froid de Sayad, qui fait comme s'il n'avait rien vu : en tant qu'Algérien, il risque peut-être plus que moi. Nous continuons sans parler et je pense seulement qu'il faudra repasser par le même chemin le soir. Mais le désir de retrouver mon terrain et de vérifier un certain nombre d'hypothèses sur le rituel est si fort que je ne pense pas plus loin.))

Engagement total et oubli du danger ne devaient rien à une forme quelconque d'héroïsme et s'enracinaient, je crois, dans la tristesse et l'anxiété extrêmes dans lesquelles je vivais et qui, avec l'envie de déchiffrer une énigme du rituel, de recueillir un jeu, de voir tel ou tel objet (une lampe de mariage, un coffre ancien ou l'intérieur d'une maison bien conservée par exemple), ou, en d'autres cas, le simple désir d'observer et de témoigner, me portaient à m'investir corps et âme dans le travail forcené qui me permettrait d'être à la hauteur des expériences dont j'étais le témoin indigne et démuni et dont je voulais à tout prix rendre compte. Il n'est pas facile de dire simplement, comme je les ai vécus, des situations et des événements – peut-être des aventures – qui m'ont profondément bouleversé, au point de revenir parfois dans mes rêves – et pas seulement les plus extrêmes, comme le récit que tel me faisait, en s'excusant de me peiner, dans une cellule toute blanche d'un monastère des Pères Blancs, ou, tel autre, au bout de la jetée, à Alger, pour que personne ne puisse entendre, des tortures que l'armée française leur avait infligées. (À Djemaa Saharidj, où je venais pour recueillir des données sur la distribution de la propriété – c'est ce que je n'avais pas pu faire à Aït Hichem où j'avais dû me contenter de dresser la distribution dans l'espace villageois des différentes lignées –, le jour de mon arrivée, les Pères Blancs ne sont pas là (j'avais oublié que c'est dimanche : ils sont à la messe) ; je vais, le long d'un chemin au-dessus du monastère, jusqu'à un petit bosquet où je trouve un vieux Kabyle, visage mince, nez aquilin, magnifique moustache blanche – il me rappelle mon grand-père maternel –, occupé à faire sécher des figues sur des claies d'osier ; je commence à parler avec lui à propos du rituel et de *lakhrif,* la saison des figues fraîches et des combats… Soudain, il me paraît bizarrement nerveux. Un coup de feu éclate, tout proche, et, tout en restant très courtois, il s'éclipse rapidement. J'apprendrai quelques jours après par un jeune homme qui rend des petits services chez les Pères Blancs et avec qui j'ai beaucoup parlé, que ce bosquet est un endroit où les soldats de l'ALN[28] ont l'habitude de faire la sieste et qu'ils ont tiré un coup de feu pour nous faire comprendre qu'il fallait déguerpir. Quelques jours plus tard, alors que je suis déjà bien habitué au village et bien admis et accueilli par les habitants, grâce sans doute à la protection de mes hôtes, deux Pères Blancs, le père Dewulder, haute stature et grande barbe blanche, très amical, dont j'ai retenu le nom parce qu'il est l'auteur de très belles études sur la symbolique des peintures murales en Kabylie, que j'ai beaucoup utilisées dans mon travail, et un autre, plus jeune, lié à l'ALN, il y a soudain une grande agitation et les soldats français (en qui je n'ai pas de peine à me reconnaître, puisque, un an plus tôt, je portais encore leur uniforme) s'avancent en file indienne par un chemin creux en direction de la montagne. Je sais par mon jeune ami (qui le sait lui-même par les enfants qui tournent autour des militaires) qu'ils partent à la recherche d'une cache, que l'on devine au flanc de la montagne, et où l'ALN tient ses

---

28. Armée de libération nationale, branche armée du Front de libération nationale.

réunions et conserve ses archives. Je suis leur progression, au milieu des hommes et des femmes du village qui, comme moi, espèrent qu'ils n'atteindront pas le refuge avant le soir et que leurs occupants pourront s'enfuir. Ce qui se passe ainsi. Mais, le jour suivant, la cache est prise et aussi les papiers qui s'y trouvaient, et qui enferment des listes nominatives de tous les soutiens de l'ALN du pays. Mon ami, directement menacé, me demande de l'emmener dans ma voiture. Je pars donc le lendemain, alors que mon travail était loin d'être fini, et nous passons les barrages militaires, après quelques angoisses, sans trop de difficultés.)

Mener l'enquête sociologique en situation de guerre oblige à tout réfléchir, tout contrôler, et en particulier ce qui va de soi dans la relation ordinaire entre l'enquêteur et l'enquêté : l'identité des enquêteurs, la composition même de l'unité d'enquête – seul ou à deux, si à deux, un homme et une femme, un Algérien et une Française, etc. (j'ai évoqué une petite partie des réflexions que m'avait imposées la conduite de cette recherche dans l'avant-propos à la deuxième partie de *Travail et travailleurs*) ; le sens même de l'enquête fait question, plus que jamais, pour les enquêtés eux-mêmes (ne s'agit-il pas de policiers ou d'espions ?). Soupçon généralisé : à plusieurs reprises des agents de renseignement viennent, à la suite des enquêteurs, enquêter à leur tour sur la nature de l'interrogation qu'ils avaient menée (pendant toute une période, chaque matin, lorsque je partais en voiture pour aller mener mes enquêtes au bidonville du Clos Salembier, j'étais suivi par une voiture de police et, un jour, j'ai été convoqué par le jeune officier SAS[29] responsable de ce secteur qui voulait savoir ce que je faisais).

On ne peut survivre, au sens propre, dans une telle situation (qu'ont connue aussi d'autres ethnologues qui enquêtent sur les dealers de crack comme Philippe Bourgois[30] ou sur les gangs de Los Angeles comme Martin Sanchez-Jankowski[31]) qu'au prix d'une réflexivité permanente et pratique qui est indispensable, dans les conditions d'urgence et de risque extrêmes, pour interpréter et apprécier instantanément la situation et mobiliser, plus ou moins consciemment, les savoirs et les savoir-faire acquis dans la prime expérience sociale. (La vigilance critique que j'ai engagée dans mes travaux ulté-

---

29. Section administrative spécialisée, structure mise en place par les autorités françaises et contrôlée par les militaires pendant la guerre pour assurer une fonction administrative, sociale et de contrôle auprès de la population rurale.

30. Philippe Bourgois, *En quête de respect. Le crack à New York*, Paris, Seuil (coll. Liber), 2001.

31. Martin Sanchez-Jankowski, *Islands in the Street : Gangs in Urban American Society*, Berkeley-Los Angeles, University of California Press, 1991 ; « Les gangs et la presse. La production d'un mythe national », *Actes de la recherche en sciences sociales*, 101-102, mars 1994, p. 101-117.

rieurs a sans doute son principe dans ces premières expériences de recherche menées dans des situations où rien ne va jamais de soi et où tout est sans cesse mis en question. D'où, là encore, l'agacement que je ne peux pas m'empêcher d'éprouver lorsque des spécialistes des sondages, c'est-à-dire de l'enquête à distance et par procuration, irrités par mes objections (purement scientifiques) à leurs pratiques, opposent à des enquêtes qui, comme celles de *La Misère du monde*[32], engagent toute l'expérience acquise, des critiques arrogantes et puériles.)

J'ai ainsi un souvenir très précis de ce jour où, dans un centre de regroupement de la presqu'île de Collo, le sort de l'enquête, et peut-être des enquêteurs, a dépendu un moment de la réponse que je ferais à la question qui m'était posée par ceux auprès de qui nous voulions mener l'enquête. Tout avait commencé à Alger, à l'Institut de statistiques de la rue Bab Azoun, où Alain Darbel, administrateur de l'INSEE chargé de « tirer un échantillon » de centres de regroupement – ce qui, étant donné l'absence d'informations sur la population mère, n'avait à peu près aucun sens –, désigne, comme par hasard – plutôt favorable à « l'Algérie française », il était très hostile à l'intrusion de sociologues dans le saint des saints de l'INSEE –, deux régions particulièrement « difficiles », Matmatas, près d'Orléansville, et la pres-

---

32. *La Misère du monde*, Paris, Seuil, 1993 *(et al.)*.

qu'île de Collo, la région la plus complètement contrôlée par l'ALN qui avait envisagé un moment d'y installer
un gouvernement provisoire : ce fut une des cibles prin-
cipales des grandes opérations, dites Challe – blindés,
hélicoptères et paras –, aussi dévastatrices que vaines, de
« pacification ». Bien que j'aie conscience du danger et,
plus vaguement, de l'arbitraire du choix (je l'avais dit à
Darbel à la veille du départ), je décide d'aller à Collo,
avec une petite équipe, deux étudiants pieds-noirs
« libéraux » (au sens de ce lieu et de ce moment, c'est-
à-dire, en gros, favorables à l'indépendance de
l'Algérie) – l'un d'eux, ne pouvant plus supporter la tension, préférera repartir avant le début de l'enquête –, un
jeune Arabe, qui nous avait dit qu'il était étudiant en
droit alors qu'il n'avait aucun diplôme et qui se révéla
un extraordinaire enquêteur, et Sayad, qui était mon
étudiant à la fac et qui était lui aussi engagé dans le
mouvement des « étudiants libéraux ». Long voyage en
voiture dans ma Dauphine. Constantine a des airs de
ville assiégée : toutes les portes des cafés sont grillagées,
en prévention contre les attentats à la grenade. À quatre
heures du soir, il n'y a plus personne dans les rues.
Notre projet de rejoindre Collo par la route jette dans la
terreur un jeune sous-préfet énarque qui ose à peine traverser la rue pour aller rejoindre sa mère. C'est lui qui
nous impose de partir par bateau, en passant par Philippeville. Le voyage entre Philippeville et le petit port de

Collo me paraît exaltant : je vais enfin voir de près. Les montagnes, tout au long de la mer, sont en feu.

Le sous-préfet de Collo, qui était auparavant à Romorantin, me fait dire d'être prudent et qu'« un faux attentat (organisé par l'armée française) est vite arrivé ». Le colonel Vaudrey (je crois), ancien commandant en chef d'Alger, sait que nous sommes là et qui nous sommes (j'étais sur « la liste rouge », sans doute depuis mon service militaire ; je l'avais appris le matin du 13 mai 1958 de la bouche de mes étudiants pieds-noirs : bien que parfaitement conscients de mes positions sur l'Algérie – j'avais donné une conférence dont le titre, « Sur la culture algérienne », était parfaitement limpide dans le contexte du temps, et à laquelle les étudiants algériens, suspendant leur grève, avaient assisté en masse – et quoique tout à fait en désaccord avec ce que je leur racontais, sans provocation, mais aussi sans concessions, sur la différence entre les effets de la situation coloniale et ceux de l'acculturation liée aux « contacts de civilisations », très à la mode dans l'ethnologie américaine de l'époque, ils avaient tenu à m'avertir que j'avais intérêt à disparaître et à rester caché – pour me convaincre qu'ils étaient bien informés, ils me demandent si je connais Gérard Lebrun, un de mes amis, alors prof de philo à la khâgne d'Alger, lui aussi sur la liste des gens qu'il faut neutraliser, peut-être à la manière d'Audin). Je connais aussi les mauvaises intentions de l'autorité militaire par un jeune étudiant de Centrale qui, hostile à la guerre d'Algérie, a demandé, pour être en mesure d'aller voir, à bénéficier de séjours organisés par l'armée pour convertir les jeunes à l'Algérie française : affecté à Collo, il viendra avec nous sur le terrain.

Je choisis d'aller à Aïn Aghbel, à une vingtaine de kilomètres de Collo. Le capitaine de la SAS, qui ne comprend pas bien (ou trop bien) ce que nous venons faire, veut nous héberger dans le poste militaire. Je refuse et nous allons nous installer dans l'ancienne école, hors du périmètre protégé, mais en terrain neutre (ce qui me paraît très important pour être en mesure de mener l'enquête). La nuit, pendant que nous travaillons, Sayad et moi, jusqu'à des heures très avancées, à noter les observations de la journée, des ombres passent alentour. Chaque matin, nous faisons une dizaine de kilomètres, dans ma petite Dauphine, par une gorge très favorable aux attentats, vrais ou faux (le capitaine de la SAS y sera attaqué par l'ALN, peu après notre départ – je ne sais plus comment je l'ai su, peut-être par Salah Bouhedja, rencontré là-bas pour la première fois et qui est depuis venu travailler dans notre Centre, à Paris). Le premier jour de notre arrivée au regroupement, un groupe d'hommes est assis sous de gros oliviers (j'ai encore toute une série de photos prises quelques jours après). Nous laissons la voiture et nous avançons vers eux à pied. Deux ou trois d'entre eux ont une grande bosse sous leur djellaba. L'un d'eux, très brun, une tête ronde, une petite barbe, une toque d'astrakan gris sur la tête, qui le distingue des autres (c'est un des fils Bouafer, qui se révélera être un *amahbul*, personnage illuminé et imprévisible, mais néanmoins hautement écouté et respecté, dont un frère est harki et l'autre dans l'ALN), se lève et s'adresse à moi (que rien, pourtant, au moins en apparence, ne distinguait des autres). Il me demande avec une certaine exaltation ce que nous sommes venus faire là. Je lui réponds que nous sommes là pour voir et entendre ce qu'ils avaient à dire et pour le rapporter ; que l'armée française était à plusieurs kilomètres, et que nous étions à leur merci, ou quelque chose comme ça. Il nous invite à nous asseoir et nous offre le café. (J'ai souvent été aidé, dans mes enquêtes, à Alger et ailleurs, par des personnages de cette sorte, souvent des autodidactes de très grande intelligence qui, en raison de leur position de porte-à-faux entre deux conditions et deux civilisations, et parfois entre deux religions – les plus cultivés professaient parfois des croyances syncrétiques, qu'ils plaçaient sous l'invocation de René Guénon –, présentaient des signes certains de bizarrerie, voire de « folie » (évoqués par le nom d'*amahbul*, d'où vient notre « maboul », qui leur était donné), et qui étaient dotés néanmoins d'un immense prestige. L'un d'eux, qui m'avait mainte fois servi de sauf-conduit et de laissez-passer dans mes visites de la Casbah (aux moments les plus tendus de la bataille d'Alger, il me présentait d'un « tu peux parler » qui désarmait instantanément la méfiance), s'arrangea un jour pour que nous descendions bras dessus bras dessous, à une heure où les cafés étaient pleins d'étudiants pieds-noirs favorables à l'Algérie française, toute la rue qui passait devant la fac des lettres : sans doute pour donner à la chose sa valeur d'épreuve et de défi, il avait revêtu une tenue ostentatoirement orientale, sarouel de soie et pourpoint brodé, qui, jointe à sa barbe noire, savamment taillée, faisait qu'il ne pouvait pas passer inaperçu. Quant au Bouafer d'Aïn Aghbel, il aimait à nous accompagner dans nos enquêtes et souvent, après les entretiens auxquels il avait assisté (je n'oublierai pas de sitôt ce vieillard que l'on disait plus que centenaire et qui, lorsqu'il évoquait le nom des tribus voisines, s'enflammait de l'enthousiasme du combat, pour retomber ensuite, épuisé, sur le côté), il nous faisait part de ses réflexions, toutes plus typiques les unes que les autres de ce que j'appelais le sabir culturel et dont je donnerai ce seul exemple : « Les Beni Toufout (nom d'une tribu), c'est quoi, ça veut dire quoi ? demandait-il. Beni Toufout ? Tu votes. Vous voyez que nous avions inventé la démocratie. »)


Un peu comme l'enquête empirique sur les classes populaires a pu apparaître parfois aux prophètes du prolétariat comme une manifestation de scepticisme, la démarche de bon sens consistant à aller voir ce qu'il en était pouvait, en ces temps de certitudes politiques, paraître étrange, et même suspecte, surtout lorsqu'il s'agissait d'opérations militaires telles que les regroupements de population. Et il est arrivé, à Paris, dans les années soixante, qu'on me demande des comptes à propos de mes enquêtes sur le terrain, un peu comme si le fait que j'en sois revenu indemne avait quelque chose d'un peu louche (mon seul laissez-passer – je me souviens d'un jour où je me dirigeais seul dans ma voiture vers un village kabyle et où, après avoir croisé une longue colonne de véhicules militaires, j'ai été arrêté et contraint à rebrousser chemin – était une lettre de l'Institut de statistique d'Alger disant que j'étais autorisé à mener des recherches qui me servait de sauf-conduit auprès des autorités militaires, toujours surprises de me rencontrer en des lieux si peu fréquentables).

De là toutes les situations de décalage, par excès ou par défaut, ou, mieux, de *porte-à-faux*, dans lesquelles je n'ai pas cessé de me trouver, dans mes relations avec le monde intellectuel. Par exemple, l'observation des regroupements permettait d'anticiper et d'annoncer de manière tout à fait contre-intuitive, et intempestive, que ces lieux hâtivement décrits comme des sortes de camps de concentration survivraient pour la plupart à l'indépendance (en certains endroits, ironie de l'histoire, les anciens villages d'origine sont devenus, pour les villageois regroupés dans la plaine, des sortes de résidences secondaires) ; ou que les fermes en autogestion, qui faisaient rêver certains « pieds verts » emportés par l'enthousiasme révolutionnaire, tomberaient entre les mains d'une petite bourgeoisie algérienne de technocrates autoritaires ou de l'armée, ou même des grands potentats d'un « néo-féodalisme socialiste », comme dira plus tard M'hamed Boukhobza à propos des grands domaines que certains hauts dignitaires de l'Algérie « socialiste » avaient constitués dans le Sud constantinois[33]. (Je dois dire ici l'immense soutien que mes anticipations réalistes, et souvent assez désenchantées, et par là un peu scandaleuses dans les temps d'emballement collectif, ont trouvé dans des amitiés algériennes qui, sans doute nées de l'affinité des habitus – je pense, entre beaucoup d'autres, à Leila Belhacène, Mouloud Feraoun, Rolande Garèse, Moulah Hennine, Mimi Bensmaïne, Ahmed Misraoui, Mahfoud Nechem, Abdelmalek Sayad –, m'ont aidé à concevoir une représentation qui soit à la fois intime et distante, attentionnée et, si je puis dire, affectueuse, chaleureuse, sans être naïve, ou niaise.)

---

33. M'hamed Boukhobza, *Structures familiales et changements socio-économiques*, Alger, Institut national d'études et d'analyses pour la planification, 1982 (avec Mohammed Khelladi et Tamany Safir).

La transformation de ma vision du monde qui a accompagné mon passage de la philosophie à la sociologie, et dont mon expérience algérienne représente sans doute le moment critique, n'est pas, je l'ai déjà dit, facile à décrire, sans doute parce qu'elle est faite de l'accumulation insensible des changements qui m'ont été peu à peu imposés par les expériences de la vie ou que j'ai opérés au prix de tout un travail sur moi-même, inséparable du travail que je menais sur le monde social. Pour donner une idée approchée de cet apprentissage, que j'ai souvent décrit comme une *initiation* (je sais que ce langage surprendra ceux qui s'attachent à une vision brutalement réductrice de la sociologie, rituellement décrite, notamment dans l'enseignement philosophique, comme réductrice et platement positiviste), je voudrais revenir sur la recherche que j'ai menée, parallèlement à celle que je conduisais au même moment en Algérie, à propos du célibat des aînés en Béarn, et qui a donné lieu à trois articles successifs, séparés, chacun, du précédent, par dix ou quinze années[34]. Peut-être n'est-il pas

34. « Célibat et condition paysanne », *Études rurales*, 5-6, avril-septembre 1962, p. 32-136 ; « Les stratégies matrimoniales dans le système de reproduction », *Annales*, 4-5, juillet-octobre 1972, p. 1105-1127 ; « Reproduction interdite. La dimension symbolique de la domination économique », *Études rurales*, 113-114, janvier-juin 1989, p. 15-36. Ces trois articles ont été repris dans *Le Bal des célibataires. Crise de la société paysanne en Béarn*, Paris, Seuil, 2002.

tout à fait déplacé en effet de voir une sorte de *Bildungsroman* intellectuel dans l'histoire de cette recherche qui, prenant pour objet les souffrances et les drames liés aux relations entre les sexes dans la société paysanne – c'est à peu près le titre que j'avais donné, bien avant l'émergence des *gender studies*, à l'article des *Temps modernes*[35] consacré à cet objet –, a été l'occasion et l'opérateur d'une véritable conversion. Le mot n'est sans doute pas trop fort pour désigner la transformation à la fois intellectuelle et affective qui m'a conduit de la phénoménologie de la vie affective (issue peut-être aussi des affections et des afflictions de la vie, qu'il s'agissait de dénier savamment), à une pratique scientifique impliquant une vision du monde social à la fois plus distancée et plus réaliste. Cette réorientation intellectuelle était lourde d'implications sociales : elle s'accomplissait en effet à travers le passage de la philosophie à l'ethnologie et à la sociologie et, à l'intérieur de celle-ci, à la sociologie rurale, située au plus bas dans la hiérarchie sociale des spécialités, et le renoncement électif qu'impliquait ce déplacement négatif dans les hiérarchies n'aurait sans doute pas été aussi facile s'il ne s'était pas accompagné du rêve confus d'une réintégration dans le monde natal.

---

35. « Les relations entre les sexes dans la société paysanne », *Les Temps modernes*, 195, août 1962, p. 307-331.

Dans mes enquêtes sur le terrain, en Kabylie, je me référais souvent, pour me défendre contre la sociologie spontanée de mes informateurs, aux paysans béarnais : cette unité sociale que l'on appelle ici *adhrum* ou là *thakharrubth* a-t-elle plus de « réalité » que l'entité vaguement définie qu'en Béarn on nomme *lou besiat*, l'ensemble des voisins, *lous besis*, et à laquelle certains ethnologues de l'Europe, après un érudit local, ont conféré un statut scientifiquement reconnu ? Ne fallait-il pas mener l'enquête directement en Béarn pour objectiver l'expérience qui me servait consciemment ou inconsciemment de point de référence ? Je venais de découvrir, grâce à Raymond Aron, qui l'avait connu, l'œuvre de Schütz, et il me paraissait intéressant d'interroger, comme le phénoménologue, le rapport familier au monde social, mais de manière quasi expérimentale, en prenant pour objet d'une analyse objective, voire objectiviste, un monde qui m'était familier, où tous les agents étaient des prénoms, où les manières de parler, de penser et d'agir allaient pour moi tout à fait de soi, et d'objectiver, du même coup, mon rapport de familiarité avec cet objet, et la différence qui le sépare du rapport savant auquel, comme je le faisais en Kabylie, on parvient par un travail armé d'instruments d'objectivation, comme la généalogie et la statistique.

Dans le premier texte [« Célibat et condition paysanne »], écrit au début des années soixante, à un moment où l'ethnographie des sociétés européennes existe à peine et où la sociologie rurale reste à distance respectueuse du « terrain », j'entreprends de résoudre cette énigme sociale que constitue le célibat des aînés dans une société connue pour son attachement forcené au droit d'aînesse. Encore très proche de la vision naïve, dont j'entends pourtant me dissocier, je me jette dans une sorte de description totale, un peu effrénée, d'un monde social que je connais sans le connaître, comme il en va de tous les univers familiers. Rien n'échappe à la frénésie scientiste de celui qui découvre avec une sorte d'émerveillement le plaisir d'objectiver tel que l'enseigne le *Guide pratique d'étude directe des comportements culturels*[36], de Marcel Maget, formidable antidote hyperempiriste à la fascination qu'exercent alors les constructions structuralistes de Claude Lévi-Strauss (et dont témoigne assez mon article sur la maison kabyle[37], que j'écris à peu près au même moment). Signe le plus visible de la conversion du regard qu'implique l'adoption de la posture de l'observateur, l'usage intensif que je fais alors de la carte, du plan, de

---

36. Marcel Maget, *Guide pratique d'étude directe des comportements culturels*, Paris, CNRS, 1962.

37. « La maison kabyle ou le monde renversé », *in* Jean Pouillon et Pierre Maranda, *Échanges et communications. Mélanges offerts à Claude Lévi-Strauss à l'occasion de son 60e anniversaire*, Paris-La Haye, Mouton, 1970, p. 739-758 ; repris *in Esquisse d'une théorie de la pratique*, *op. cit.*, p. 61-82.

la statistique et de la photographie : tout y passe, telle porte sculptée devant laquelle j'étais passé chaque jour en rentrant de l'école ou les jeux de la fête du village, l'âge et la marque des automobiles, et je livre au lecteur le plan anonyme d'une maison familière où j'ai joué pendant toute mon enfance. L'immense travail que demande la construction statistique de très nombreux tableaux à double ou à triple entrée sur des populations relativement importantes sans le secours de la calculatrice ou de l'ordinateur participe, comme les très nombreux entretiens associés à des observations approfondies que je mène alors, des épreuves non sans perversité d'une ascèse d'initiation.

Mais, preuve que le trajet heuristique a aussi quelque chose d'un parcours initiatique, à travers l'immersion totale et le bonheur des retrouvailles qui l'accompagne, s'accomplit une réconciliation avec des choses et des gens dont l'entrée dans une autre vie m'avait insensiblement éloigné et que la posture ethnographique impose tout naturellement de respecter, les amis d'enfance, les parents, leurs manières, leurs routines, leur accent. C'est toute une partie de moi-même qui m'est rendue, celle-là même par laquelle je tenais à eux et qui m'éloignait d'eux, parce que je ne pouvais la nier en moi qu'en les reniant, dans la honte d'eux et de moi-même. Le retour aux origines s'accompagne d'un retour, mais contrôlé, du refoulé. De tout cela, le texte ne porte guère la trace. Si les quelques notations finales, vagues et dissertatives, sur l'écart entre la vision première et la vision savante, peuvent laisser entrevoir l'intention de réflexivité qui était au principe de toute l'entreprise (« faire un *Tristes tropiques* à l'envers »), rien, sinon peut-être la tendresse contenue de la description du bal, ne vient évoquer l'atmosphère émotionnelle dans laquelle s'est déroulée mon enquête. Je repense par exemple à ce qui a été à l'origine de la recherche, la photo de (ma) classe qu'un de mes condisciples, petit employé à la ville voisine, commente en scandant impitoyablement « immariable » à propos de près de la moitié des présents ; je pense à tous les entretiens, souvent très douloureux, que j'ai menés avec de vieux célibataires de la génération de mon père, qui m'accompagnait souvent et qui m'aidait, par sa présence et ses interventions discrètes, à susciter la confiance et la confidence ; je pense à ce vieux copain d'école, que j'aimais beaucoup pour sa finesse et sa délicatesse, et qui, retiré avec sa mère dans une maison magnifiquement tenue, avait inscrit à la craie sur la porte de son étable les dates où lui étaient nées des génisses et les prénoms de filles qu'il leur avait donnés. Et la retenue objectiviste de mon propos tient sans doute pour une part au fait que j'éprouve le sentiment de commettre quelque chose comme une trahison – ce qui m'a conduit à refuser pendant très longtemps toute réédition de textes que la publication dans des revues savantes à faible diffusion protégeait contre les lectures malintentionnées ou voyeuristes.

Sans doute parce que les progrès qu'il manifeste se situent dans l'ordre de la réflexivité comprise comme objectivation scientifique du sujet de l'objectivation, le second texte [« Les stratégies matrimoniales dans le système de reproduction »] marque de manière assez claire la rupture avec le paradigme structuraliste, à travers le passage de la règle à la stratégie, de la structure à l'habitus et du système à l'agent socialisé, lui-même habité par la structure des rapports sociaux dont il est le produit ; c'est-à-dire le moment décisif de la conversion du regard qui s'opère lorsque l'on découvre sous les règles de parenté les stratégies matrimoniales, récupérant ainsi le rapport pratique au monde. Cette réappropriation de la vérité de la logique de la pratique est ce qui, en retour, contribuera à rendre possible l'accès à la vérité des pratiques rituelles ou matrimoniales, à première vue si étranges, de l'étranger kabyle, ainsi constitué en alter ego.

Le dernier texte [« Reproduction interdite »], qui donne accès au modèle le plus général, le plus simple et aussi le plus robuste, est aussi celui qui permet de comprendre le plus directement ce qui se livrait et se dissimulait à la fois dans la scène initiale : le petit bal que j'avais observé et décrit et qui, avec la nécessité impi-

toyable du mot « immariable », m'avait donné l'intuition d'avoir affaire à un fait social hautement significa-
tif, était bien une réalisation concrète et sensible du
marché des biens symboliques. En s'unifiant à l'échelle
nationale (comme aujourd'hui, avec des effets homologues, à l'échelle mondiale), le marché matrimonial
avait voué à une brusque et brutale dévaluation ceux
qui avaient partie liée avec le marché protégé des
anciens échanges matrimoniaux contrôlés par les
familles, les aînés de grande famille, beaux partis
soudain convertis en paysans empaysannés, *hucous*
(hommes des bois) repoussants et sauvages, et exclus à
tout jamais du droit à la reproduction. Tout, en un
sens, était donc présent d'emblée, dans la description
première, mais sous une forme telle que, comme
diraient les philosophes, la vérité ne s'y dévoilait qu'en
se voilant.

(Cette sorte d'expérimentation sur le travail de
réflexivité que j'ai faite dans une enquête sur le Béarn
qui était aussi et surtout une enquête sur l'enquête et
sur l'enquêteur montre qu'un des ressorts les plus rares
de la maîtrise pratique qui définit le métier du sociologue et dont fait partie, au premier chef, ce qu'on
appelle l'intuition, est peut-être, en définitive, l'usage
scientifique d'une expérience sociale qui, à condition
d'être préalablement soumise à la critique sociologique,
peut, pour si dépourvue de valeur sociale qu'elle puisse

être en elle-même, et lors même qu'elle s'est accompagnée de crises (de conversion et de reconversion), se convertir de handicap en capital. Ainsi, comme je l'ai déjà dit quelque part, c'est sans doute une remarque tout à fait banale de ma mère, que je n'aurais même pas entendue si je n'avais pas été en alerte – « Ils se sont trouvés très parents avec les Untel depuis qu'il y a un polytechnicien dans la famille » – et qui, à l'époque de mon enquête sur le célibat, a été le déclencheur des réflexions qui m'ont conduit à abandonner le modèle de la règle de parenté pour celui de la stratégie. Je n'entreprendrai pas ici d'essayer de comprendre et de dire les transformations profondes de ce rapport de parenté privilégié qui était nécessaire pour qu'un propos qui ne pouvait être tenu qu'en « situation naturelle », dans un échange banal de la familiarité familiale, puisse être entendu comme une information susceptible d'être intégrée dans un modèle explicatif. Et j'indiquerai seulement que, de façon plus générale, c'est au prix d'une véritable conversion épistémologique, irréductible à ce que la phénoménologie appelle *épochè*, que l'expérience vécue, en elle-même tout à fait dépourvue de pertinence, peut entrer dans l'analyse scientifique.)

C'est sans doute le goût de « vivre toutes les vies » dont parle Flaubert et de saisir toutes les occasions d'entrer

dans l'aventure qu'est chaque fois la découverte de nouveaux milieux (ou tout simplement l'excitation de commencer une nouvelle recherche) qui, avec le refus de la
définition scientiste de la sociologie, m'a porté à m'intéresser aux mondes sociaux les plus divers. Je pense que
les lectures de mes interminables vacances d'été
m'avaient donné l'envie de pénétrer des milieux sociaux
inconnus, qu'éprouvent moins, peut-être, ceux que leur
existence a cantonnés dans un monde social plus ou
moins parfaitement homogène. Jeune hypokhâgneux
tout à l'émerveillement d'un Paris qui donnait réalité à
des réminiscences littéraires, je m'identifiais naïvement à
Balzac (stupéfiante première rencontre de sa statue, au
carrefour Vavin !), au point qu'il m'est arrivé plusieurs
fois de suivre, au cours de mes sorties du dimanche, des
inconnus, pour découvrir leur quartier, leur maison,
leurs entours, que j'essayais de deviner.

Il y a peu de moments où je n'ai pas mené de front
plusieurs recherches personnelles, souvent très différentes par leur objet, sans parler de celles que je conduisais
par procuration, à travers les travaux que je dirigeais,
toujours de très près, ou que j'inspirais et que je coor-
donnais dans le cadre du Centre de sociologie européenne. Et j'ai pu ainsi participer en pensée d'univers
très éloignés des miens, passés ou présents, comme ceux
de la noblesse ou de la grande banque, des danseurs de
l'Opéra ou des acteurs du Théâtre français, des commis-

saires-priseurs ou des notaires, et les pénétrer en quelque sorte, à partir d'un « échantillon » de la catégorie réellement rencontré, et toujours en m'aidant de l'analogie avec des positions et des expériences que je connaissais bien (celles de la noblesse scolaire par exemple pour comprendre la noblesse tout court). J'ai eu de grandes périodes de passion enquêteuse, lorsque je menais les recherches qui ont conduit à *La Distinction*[38] (il m'est arrivé de regretter que les gens ne portent pas l'intitulé de leur profession au revers de leur veste, comme dans les congrès, pour faciliter mes observations), ou que je passais des heures à écouter des conversations, dans les cafés, sur les terrains de jeu de boules ou de football, dans les bureaux de poste, mais aussi dans les soirées, les cocktails ou les concerts. Il n'était pas rare que, n'y tenant plus, je prenne un prétexte pour engager la conversation (c'est beaucoup plus facile qu'on ne le croit) avec une personne que je voulais mieux connaître et pour enquêter, sans en avoir l'air, sur tel ou tel problème qui m'intéressait. Je me demandais si j'aimais les gens, comme j'ai pu le croire longtemps, ou si je n'en étais pas venu à leur porter un intérêt professionnel qui peut impliquer une forme d'affection (Abdelmalek Sayad était ainsi devenu un ami très cher d'un médecin

---

38. *La Distinction. Critique sociale du jugement*, Paris, Minuit, 1979.

qui était le spécialiste de la maladie très rare dont il était l'un des porteurs…).

Mais cette dispersion était aussi une manière sans doute un peu étrange de travailler à réunifier une science sociale fictivement morcelée et de refuser en pratique la spécialisation qui, imposée par le modèle des sciences les plus avancées, m'apparaissait comme tout à fait prématurée dans le cas d'une science commençante (je me rappelle notamment le sentiment de scandale que j'avais éprouvé, au congrès mondial de sociologie de Varna, devant le morcellement des groupes de travail entre la sociologie de l'éducation, la sociologie de la culture et la sociologie des intellectuels, qui conduisait chacune de ces « spécialités » à abandonner à une autre les véritables principes explicatifs de ses objets). Et l'humeur « papillonne » (pour parler comme Fourier) qui me poussait sans cesse vers de nouvelles recherches, de nouveaux objets – ou qui, plus exactement, m'amenait à saisir toutes les occasions de m'emparer de terrains de recherche nouveaux – est peut-être ce qui a fait que, sans l'avoir jamais voulu explicitement et surtout sans la moindre visée « impérialiste », je me suis trouvé présent à la totalité du champ des sciences sociales.

Je n'ignore pas que mon entreprise peut apparaître comme une manière de poursuivre les ambitions démesurées de l'intellectuel total, mais sur un autre mode, plus exigeant, et aussi plus hasardeux : je courais en effet le risque de perdre sur les deux tableaux et d'apparaître comme trop théoricien aux purs empiristes et trop empiriste aux purs théoriciens et de laisser parfois des programmes de recherche plutôt que des recherches accomplies (comme c'est le cas en matière de sociolinguistique). En fait, tout concourait à faire que l'espace des possibles qui s'offrait à moi ne pouvait pas se réduire à celui que me proposaient les positions constituées dans l'espace de la sociologie. Je ne puis pas en effet ne pas mettre en relation l'ampleur de mes entreprises intellectuelles, indifférentes aux frontières entre les spécialités sociologiques, avec mon passage de la philosophie, discipline prestigieuse où certains de mes pairs d'école étaient restés – ce qui est sans doute très important subjectivement –, et avec la déperdition de capital symbolique qui en résultait « objectivement ». (Le fait que je sois ici à la fois sujet et objet de l'analyse redouble une difficulté, très commune, de l'analyse sociologique, le danger que les « intentions objectives », que dégage l'analyse, n'apparaissent comme des intentions expresses, des stratégies intentionnelles, des projets explicites, dans le cas particulier l'intention consciente ou quasi cynique de sauvegarder un capital symbolique menacé.) C'est ainsi que s'est peu à peu affirmée une disposition éclectique et pourtant hautement sélective qui me conduisait à refuser les partis pris bien faits pour restreindre l'univers des ressources théoriques (comme les exclusives des marxistes) et des possibilités empiriques (comme tous les monismes méthodologiques), et dont on peut dire à la fois, il me semble, que, par certains côtés, elle est « anti-tout » et, sous un autre rapport, « attrape tout » *(catch all)*, à la manière de certains partis politiques.

Mais toutes ces causes et ces raisons ne suffisent pas à expliquer vraiment mon investissement total, un peu fou, dans la recherche. Sans doute cet *impetus* trouvait-il son principe dans la logique même de la recherche, génératrice de questions toujours nouvelles, et aussi dans le plaisir et les joies extraordinaires que procure le monde enchanté et parfait de la science. Le groupe que j'avais constitué, sur la base de l'affinité affective autant que de l'adhésion intellectuelle, a joué un rôle détermi-nant dans cet énorme investissement, ma croyance pro-duisant la croyance propre à renforcer et réassurer ma croyance. Tout concourt ainsi à favoriser une grande certitude de soi individuelle et collective qui entraîne un profond détachement à l'égard du monde extérieur, de ses jugements et de ses sanctions. (J'ai eu la chance de pouvoir vivre longtemps dans une assez grande indiffé-rence pour le succès social. Et je me souviens d'avoir pensé souvent que, dans la mesure où je m'efforçais de réunir des compétences et des intentions rarement asso-ciées, théoriques et techniques notamment, il était pro-bable et normal que je reste longtemps incompris et inconnu ; j'y étais donc tout à fait préparé, au point de

voir avec un certain étonnement la reconnaissance relative que mes travaux obtenaient, sans doute, pour une
part, sur la base de malentendus. Je me voyais un peu à
l'image de ce tailleur de pierres du Moyen Âge qui avait
sculpté, dans l'église de La Souterraine, un chapiteau
représentant un accouplement et situé très haut, dans
l'obscurité d'une voûte, où il était voué à passer complètement inaperçu. La reconnaissance que m'accordait
un petit « collège invisible » de chercheurs français et
étrangers me suffisait et je ne souffrais pas du tout de
mon obscurité relative, pour une grande part élective.
D'autant que j'étais très soutenu et encouragé par les
témoignages que je recevais, au cours de rencontres de
hasard ou dans des lettres, de personnes qui me disaient
avoir été profondément touchées et, parfois transfor-
mées ou « libérées », par ce que j'écrivais (dans *La Distinction* notamment). J'ai dû mainte fois rassurer et
consoler des jeunes chercheurs étrangers, néo-zélandais,
australiens, italiens, danois, etc., qui me disaient leur
déception ou leur dépit que mon œuvre restât mal
connue dans leur pays, malgré tous leurs efforts pour la
faire reconnaître, notamment auprès des autorités universitaires. Je n'ai été inquiet de ces choses que très tardivement, peut-être par un effet de l'âge, et surtout à
travers l'inquiétude affectueuse qu'elles suscitaient chez
des personnes qui m'étaient chères et devant qui j'avais
souci de faire bonne figure.)

Cette certitude reposait aussi – comment le dire sans pose ni pathos ? – sur la conviction intime que ma tâche de sociologue, qui ne m'apparaissait ni comme un don ni comme un dû, ni davantage comme une (trop grandiloquente) « mission », était sans aucun doute un privilège impliquant en retour un devoir. Mais je ne puis pas ne pas le dire ici, toutes ces raisons ne sont pour une part que le relais et la rationalisation d'une raison ou d'une cause plus profonde : un malheur très cruel qui a fait entrer l'irrémédiable dans le paradis enfantin de ma vie et qui, depuis le début des années cinquante, a pesé sur chacun des moments de mon existence, convertissant par exemple ma dissension initiale à l'égard de l'École normale et des impostures de l'arrogance intellectuelle en rupture résolue avec la vanité des choses universitaires. C'est dire que, sans être jamais mensongères, les descriptions et les explications que j'ai pu donner jusqu'ici restent inexactes et partielles dans la mesure où toutes mes conduites (par exemple mon choix de Moulins aussi bien que mon investissement momentané dans une carrière musicale ou mon intérêt initial pour la vie affective et la médecine qui m'avait conduit à Canguilhem) étaient surdéterminées (ou sous-tendues) par la désolation intime du deuil solitaire : le travail fou était aussi une manière de combler un immense vide et de sortir du désespoir en prenant intérêt aux autres ; l'abandon des hauteurs de la philosophie pour la misère du bidonville était aussi une sorte d'expiation sacrificielle de mes irréalismes adolescents ; le retour laborieux à une langue dépouillée des tics et des trucs de la rhétorique scolaire marquait aussi la purification d'une nouvelle naissance. Et ce que j'ai dit ici des causes ou des raisons de chacune des expériences évoquées, comme mes aventures algériennes ou mes emballements scientifiques, masque aussi la pulsion souterraine et l'intention secrète qui étaient la face cachée d'une vie dédoublée.

La déception mêlée de révolte que m'inspirait l'état des choses intellectuelles s'est surtout cristallisée, dans la phase initiale de mon entreprise, autour de la sociologie américaine alors dominante, et aussi, mais sur un autre terrain, autour de la philosophie qui, tant dans sa définition traditionnelle que dans sa forme la plus ostentatoirement novatrice, me paraissait représenter un obstacle majeur au progrès des sciences sociales. Il m'est arrivé souvent de me définir, un peu pour rire, comme leader d'un mouvement de libération des sciences sociales contre l'impérialisme de la philosophie. Je n'avais pas plus d'indulgence pour les sociologues qui voyaient dans le passage par les États-Unis une sorte de voyage initiatique que pour les apprentis philosophes qui, dix ou quinze ans plus tôt, se précipitaient aux archives d'un Husserl dont les œuvres majeures étaient encore, pour une grande part, inédites en français.

La sociologie américaine imposait à la science sociale, à travers la triade capitoline des Parsons, Merton et Lazarsfeld, tout un ensemble de mutilations dont il me semblait indispensable de la libérer, notamment par un retour aux textes de Durkheim et de Max Weber, l'un et l'autre annexés, et défigurés, par Parsons (l'œuvre de Weber devant être en outre repensée à neuf, en vue de la dégager du revêtement néo-kantien dont l'avait recouverte Aron, son introducteur en France). Mais pour combattre cette orthodoxie planétaire, il fallait surtout s'engager dans des recherches empiriques théoriquement inspirées en refusant tant la soumission pure et simple à la définition dominante de la science que le refus obscurantiste de tout ce qui pouvait être ou paraître associé aux États-Unis, à commencer par les méthodes statistiques.

Si, au début des années soixante, malgré les rappels hebdomadaires des fondés de pouvoir du maître en pays de mission, j'avais obstinément refusé d'assister à l'enseignement que Paul Lazarsfeld avait donné, à la Sorbonne, devant la sociologie française tout entière réunie, c'est que tout cela m'était apparu plutôt comme une cérémonie collective de soumission que comme une simple entreprise technique de formation ou de recyclage scientifique. Ce qui ne m'empêchait pas, bien au contraire, de travailler, comme la collaboration avec des statisticiens de l'INSEE m'y encourageait et m'y préparait, à m'approprier tout l'appareillage technique, analyse multivariée ou classes latentes, que pouvait offrir l'ancien socialiste autrichien converti en porte-parole d'un impérialisme scientifique agissant sous la bannière de la Fondation Ford et du Congrès pour la liberté de la culture ; mais cela, sans emprunter du même coup tout l'emballage scientiste destiné à le légitimer. Cette stratégie était sans doute trop réaliste, sans être le moins du monde cynique, pour pouvoir être facilement comprise, en ces temps où les prises de position scientifiques n'étaient guère différenciées des prises de position politiques. En effet, visant entre autres choses à s'emparer des instruments de l'adversaire pour les mettre au service d'autres fins scientifiques, elle s'opposait aussi bien à la soumission empressée ou résignée des simples suiveurs encore tout émerveillés d'avoir « découvert l'Amérique » qu'à la révolte fictive et vaincue de ceux qui entendaient résister à l'emprise des concepts et des méthodes dominants sans se donner des armes efficaces pour les combattre sur le terrain même de la recherche empirique, comme les théoriciens de l'École de Francfort et leurs émules français. (Par parenthèse, je dois évoquer une autre stratégie scientifique, tout à fait complémentaire, qui, dans le contexte du temps, où toute association avec la statistique d'État était suspecte de compromission conservatrice, a été tout aussi mal comprise, celle qui consistait à collaborer avec des statisticiens de l'INSEE pour essayer – ce que j'ai pu croire un moment avoir réussi, notamment lorsque l'Institut d'État a repris à son compte les classifications de *La Distinction* – de faire rentrer la science d'État dans le champ scientifique ou, plus modestement, de faire entrer dans la tête des savants d'État un certain nombre de préoccupations et de dispositions propres à la recherche scientifique la plus avancée, comme la réflexivité à propos des présupposés tacites des problématiques et des systèmes de classement routinièrement mis en œuvre par l'institution.)

L'histoire de ma confrontation, à première vue désespérée, avec Paul Lazarsfeld, dont on a peine à imaginer aujourd'hui l'empire à la fois social et scientifique qu'il exerçait sur la sociologie mondiale, a trouvé, pour moi, quelque chose comme un dénouement heureux en ce jour de la fin des années soixante où il nous avait littéralement « convoqués », Alain Darbel et moi, à l'hôtel des Ambassadeurs où il avait coutume de descendre à l'occasion de ses missions de la Fondation Ford, pour nous dire ses critiques du modèle mathématique de la fréquentation des musées que nous venions de publier dans *L'Amour de l'art*. Alors à l'apogée de sa renommée, il était arrivé avec un exemplaire du livre grossièrement griffonné à l'encre bleue et, un gros cigare à la bouche, avait pointé non sans brutalité ce qu'il donnait pour d'impardonnables erreurs. Il s'agissait chaque fois, comme n'aurait pas manqué de le voir un lecteur moins persuadé de l'arriération de la science française, de coquilles grossières introduites par un prote plus habitué à d'autres sortes de raffinements, et que l'éditeur ne devait nous laisser corriger qu'à l'occasion de la deuxième édition. Ces corrections accordées, Paul Lazarsfeld déclara avec quelque solennité qu'ils n'avaient « jamais fait aussi bien aux États-Unis ». Mais il se garda bien de l'écrire et continua à donner son investiture spirituelle à Raymond Boudon, chef de comptoir français de sa multinationale scientifique.

Dans la lutte contre l'orthodoxie théorique et méthodologique qui dominait la sociologie mondiale et dans l'effort pour échapper à l'alternative que dessinait l'opposition entre les marxistes, bloqués dans le refus de Weber et de la sociologie empirique, et les simples importateurs de méthodes et de concepts américains dégriffés, on ne pouvait guère s'appuyer sur la philosophie, fût-ce celle, en apparence très subversive, qui commençait à s'affirmer à Paris. Paradoxalement, ce mouvement contestataire devait sans doute sa vigueur particulière à la situation très privilégiée de la philosophie en France, conséquence notamment de l'existence, tout à fait unique, d'un enseignement de la philosophie dans les classes terminales de l'enseignement secondaire, et de la position alors dominante de cette discipline dans les hiérarchies scolaires (je pense ici au modèle que j'ai invoqué pour expliquer la force exceptionnelle du mouvement de subversion qui est apparu en France, avec Manet et les impressionnistes, en réaction contre une institution académique toute-puissante, et son absence au contraire dans une Angleterre qui ignorait une semblable concentration des pouvoirs symboliques en matière d'art).

Du fait que l'institution universitaire, qui connaissait une très profonde crise, ne pouvait tenir les promesses qui étaient inscrites dans leur trajectoire scolaire d'exception, les reléguant à peu près tous dans des positions marginales, ces philosophes étaient animés d'une humeur critique spécialement vive contre cette institution particulièrement armée pour imposer une représentation de l'activité philosophique à la fois exaltée et étroite (avec l'agrégation, ses exercices et ses programmes bien français…). Aussi ont-ils répondu de manière miraculeusement adaptée (sans évidemment l'avoir en rien cherché) aux attentes suscitées, en France et surtout peut-être aux États-Unis, par la « révolution » de 1968, révolution spécifique, qui a introduit la contestation politico-intellectuelle dans le champ universitaire (Feyerabend à Berlin et Kuhn aux États-Unis étant aussi utilisés pour donner un langage à une contestation spontanée de la science). Mais, malgré ses airs de radicalisme, ce mouvement reste profondément ambigu, aussi bien politiquement que philosophiquement, du fait que la révolte contre l'institution universitaire est aussi une réaction conservatrice contre la menace que l'ascension des sciences sociales, notamment à travers la linguistique et l'anthropologie « structuraliste », faisait peser sur les philosophes, à la fois fascinés et inquiets. Et c'est sans doute encore le souci de maintenir et d'affirmer leur hégémonie par rapport aux sciences sociales qui les a portés, paradoxalement, à reprendre à leur compte, en la radicalisant, dans une stratégie très proche de celle de Heidegger ontologisant l'historicisme, la critique historiciste de la vérité (et des sciences) : ils ont ainsi offert une revanche inespérée à ce que la tradition logiciste jusque-là dominante condamnait comme *genetic fallacy*, en inclinant à tenir l'attachement aux vérités formelles et universelles comme démodé et même un peu réactionnaire, comparé à l'analyse de situations historico-culturelles particulières.

Le refus, qui orientait depuis longtemps mes choix intellectuels, de ce que Merleau-Ponty appelait, en un sens très différent de l'usage commun, « l'intellectualisme », s'enracinait dans des dispositions qui m'inclinaient à me tenir à l'écart des grands « mouvements » intellectuels à la mode, comme la forme exotérique du « structuralisme » ou sa liquidation journalistique – dont un des foyers a été, dans les deux cas, *Le Nouvel Observateur*. (Ma seule participation au débat structuraliste, en dehors d'analyses critiques destinées à des revues savantes, comme l'article intitulé « Le structuralisme et la théorie de la connaissance des objets[39] », est un texte assez clairement anti-structuraliste sur le champ intellectuel, paru dans le numéro des *Temps modernes* organisé par Jean Pouillon à propos du structuralisme[40] – si bien qu'il faut être mal intentionné, ou simplement mal informé, pour me ranger parmi les « structuralistes ».) J'excluais très consciemment les stratégies de double jeu et de double profit de tous ceux qui aimaient à se dire « sociologue et philosophe » ou « philosophe et historien », et qui, je dois l'avouer, m'étaient assez antipathiques, entre autres raisons parce qu'elles me semblaient annonciatrices d'un manque de rigueur éthique et scientifique. Je ne participais pas davantage aux engouements sémiologico-littéraires qui ont fait fureur un moment dans le champ universitaire et du côté de *Tel Quel*, et j'étais à peine plus bien-

---

39. « Structuralism and Theory of Sociological Knowledge », *Social Research*, XXXV (4), Winter 1968, p. 681-706.
40. « Champ intellectuel et projet créateur », *Les Temps modernes* (Problèmes du structuralisme), 246, novembre 1966, p. 895-906.

veillant à l'égard de ceux qui, cumulant les prestiges de la philosophie, nietzschéenne ou heideggerienne, et de la littérature, avec les références obligées à Artaud, Bataille ou Blanchot (sans parler de Sade, sujet de dissertation obligé pour tout intellectuel), contribuaient à brouiller les frontières entre la philosophie (ou la science) et la littérature. C'est pourquoi, même si je pouvais avoir avec eux des points d'accord que l'on peut dire politiques et qui s'expliquent sans doute en partie par le fait que nous avions en commun les dispositions anti-institutionnelles liées à une position semblable dans un espace académique profondément transformé, je ne suis pas peu surpris lorsque je me vois parfois rangé aujourd'hui, à la faveur de l'*allodoxia* corrélative du décalage transatlantique, parmi les « postmodernes », que la réactivation des vieux préjugés des philosophes contre les sciences sociales a conduits souvent au bord du nihilisme.

(J'hésite à entreprendre de dire ici, comme je ne peux pas ne pas le faire, pour la clarté de l'analyse, et aussi pour la vérité que je dois aux jeunes lecteurs, susceptibles d'être abusés, surtout à l'étranger, par les ressemblances apparentes, comment je me situais objectivement et subjectivement par rapport à Michel Foucault. Comme je l'ai découvert en toute clarté lorsque j'ai entrepris, à l'occasion de sa disparition, d'écrire pour une revue étrangère une évocation de sa vie et de son œuvre[41] échappant à la rhétorique de la nécrologie, j'avais en commun avec lui presque toutes les propriétés pertinentes : normalien et agrégé de philo quelques années avant moi – j'avais suivi les cours qu'il avait donnés à l'École normale –, il campait sur des positions philosophiques très voisines des miennes, et en particulier très proches de Canguilhem et du groupe de Clermont-Ferrand (il avait été appelé par Vuillemin), auquel je me rattachais. Presque toutes sauf deux, mais qui ont eu, selon moi, un poids très important dans la constitution de son projet intellectuel : il était issu d'une famille de bonne bourgeoisie provinciale et homosexuel (on pourrait en ajouter une troisième, mais qui n'est, selon moi, qu'un effet des précédentes, en même temps qu'un facteur explicatif, le fait qu'il était et se disait philosophe). Il s'ensuit que l'on peut, presque à volonté, faire quasiment disparaître les différences, ou, au contraire, les accentuer, en remarquant que, en tant que dernier écart, elles sont particulièrement significatives et puissantes.

Les ressemblances, sur lesquelles je ne m'appesantirai pas, sont visibles tant dans l'ordre de la recherche que dans l'ordre de l'action. Ignorant la hiérarchie établie des objets et la frontière sacrée entre la philosophie et

---

41. « Non chiedetemi chi sono. Un profilo di Michel Foucault », *L'indice* (Rome), 1, octobre 1984, p. 4-5.

les sciences historiques, Michel Foucault n'a pas cessé de travailler à élargir la définition traditionnelle de la philosophie pour y faire entrer le monde tel qu'il est et, par là, toutes sortes d'objets, inconnus ou exclus, la folie, l'enfermement, le pouvoir, etc., appréhendés chaque fois à travers des cas précis, situés et datés, et des dossiers circonstanciés. Il a travaillé aussi à réunir l'autonomie à l'égard du monde social, et tout particulièrement de la politique, et l'engagement scientifiquement armé dans le monde social qui définit ce qu'il appelle « l'intellectuel spécifique ». Aller sur le terrain de la politique, comme il l'a fait, notamment dans son combat à propos des prisons, c'était se mettre dans la situation d'extrême vulnérabilité de l'homosexuel qui s'affirme comme tel et qui, selon David Halperin, « s'expose aux accusations de pathologie, de partialité et confère aux autres un *privilège épistémologique* absolu » sur lui-même (et l'on sait que certaines campagnes qui ont été menées contre lui, surtout aux États-Unis, se sont appuyées sur les particularités de son orientation sexuelle pour affaiblir et discréditer, en la faisant apparaître comme relative et relativisable, une pensée qui met en question profondément l'ordre moral et l'ordre politique). Bref, personne plus et mieux que lui n'est parvenu à réaliser cette réconciliation du *scholarship* et du *commitment* qui confère son immense pouvoir d'attraction à sa vie et à son œuvre, surtout dans des traditions qui, comme l'allemande ou l'américaine, opposent, bien à tort selon moi, ces deux dimensions de l'existence de l'intellectuel digne de ce nom.

Il reste que, en dépit de la très grande proximité, qui est apparue notamment dans l'action que nous avons menée en commun à propos de la Pologne, et de la solidarité qui nous a unis, depuis le début des années quatre-vingt, tant dans la vie publique que dans la vie universitaire, j'étais séparé de Michel Foucault par toute une série de différences de style, visibles surtout sur les terrains de la politique, de l'art et de la recherche, dont j'ai évoqué en passant quelques-unes et qui me semblent découler de différences profondes dans les dispositions et dans les positions respectives. Alors que, en m'engageant résolument dans le champ des sciences sociales, de l'ethnologie d'abord, de la sociologie ensuite, je rompais en fait avec les attentes et les exigences du monde philosophique pour me soumettre aux contraintes d'une discipline scientifique, dotée de son capital spécifique de problèmes, de théories et de méthodes, Michel Foucault, pour grande que soit sa distance, sanctionnée par son éloignement d'abord géographique, puis social, par rapport au cœur de l'institution universitaire, est toujours resté présent dans le champ philosophique et attentif aux attentes du monde intellectuel parisien. Ces différences dans les situations objectives sont, de toute évidence, dans une relation de causalité circulaire avec les dispositions : de mon côté, elles me poussaient à m'engager dans la sociologie, et d'une espèce particulièrement antithétique aux attentes du champ intellectuel français, comme l'analyse des pratiques artistiques et des mondes intellectuels, et à m'investir primordialement dans les entreprises collectives d'un groupe de recherche engagé dans des tâches et des préoccupations très éloignées, comme les enquêtes ethnographiques et statistiques, du monde intellectuel ; du côté de Michel Foucault, elles inclinaient à des engagements singuliers et par là plus conformes aux attentes des mondes de l'art et de la littérature et à des pratiques scientifiques moins différentes de celle de l'érudit traditionnel comme la fréquentation assidue des grandes bibliothèques (ce n'est que tout à la fin de sa vie que Foucault avait songé – et je l'y avais aidé – à créer un groupe de recherche). La différence entre les deux espèces de dispositions subversives et les prises de position qu'elles favorisent, tant dans la recherche que dans l'intervention politique, est renforcée par l'effet des attentes objectivement inscrites dans les deux champs et elle est aussi amplifiée par le fait que, d'être attribuée à un sociologue ou à un philosophe, la même action, en matière d'art par exemple (mais aussi de politique), peut apparaître comme manquement béotien au chic ou comme transgression audacieuse et raffinée d'esthète. J'arrêterai ici cette évocation des ressemblances et des différences qui, tant dans la réalité que dans les représentations, rapprochent et séparent deux styles intellectuels, en espérant qu'elle suffira à éviter cette forme particulière de l'*allodoxia* qui, en portant à reconnaître le semblable dans le différent et le différent dans le semblable, ne peut que nuire à la circulation et à la compréhension juste des deux pensées concernées.)

Il faudrait encore, en bonne méthode, analyser ici l'état actuel du champ de la sociologie et du champ des sciences sociales afin de se donner les moyens de comprendre les trajectoires individuelles et collectives (notamment celle du groupe de recherche que j'ai animé, le Centre de sociologie européenne) en relation avec les changements des rapports de force symboliques à l'intérieur de chacun de ces deux champs et entre eux ; et considérer en particulier ma trajectoire individuelle, en prenant en compte le caractère spécifique de la position du Collège de France qui, comme je l'ai montré dans *Homo academicus*[42], était (surtout) un lieu de consécration des hérétiques, situé à l'écart de tous les pouvoirs temporels sur l'institution académique. La révolution qui a été accomplie, si elle a réussi sur le plan symbolique (au moins à l'étranger), a, dans l'institution,

---

42. *Homo academicus*, Paris, Minuit, 1984.

connu un échec relatif qui se voit bien dans le destin du groupe : celui-ci n'aurait pas été aussi continûment soumis à des pressions et des réactions de défense collectives visant à empêcher sa reproduction « normale », si, par la logique de son fonctionnement autant que par le contenu de ses productions scientifiques, il n'avait pas menacé l'ordre et les routines du champ.

Cette esquisse pour une auto-analyse ne peut pas ne pas faire une place à la formation des dispositions associées à la position d'origine, dont on sait que, en relation avec les espaces sociaux à l'intérieur desquels elles s'actualisent, elles contribuent à déterminer les pratiques. Je ne m'étendrai pas sur les propriétés de ma famille d'origine. Mon père, fils de métayer devenu, vers la trentaine, c'est-à-dire à peu près au moment de ma naissance, facteur, puis facteur-receveur, a exercé toute sa vie son métier d'employé dans un petit village du Béarn particulièrement reculé (bien que tout proche de Pau, à moins de vingt kilomètres, il était inconnu de mes camarades de lycée, qui en plaisantaient). Je pense que mon expérience enfantine de transfuge fils de transfuge (que j'ai cru reconnaître dans le Nizan qu'évoque Sartre dans sa préface à *Aden Arabie*[43]) a sans doute beaucoup pesé dans la formation de mes dispositions à l'égard du monde social : très proche de mes camarades

---

43. Jean-Paul Sartre, Préface à Paul Nizan, *Aden Arabie*, Paris, Maspero, 1960.

d'école primaire, fils de petits paysans, d'artisans ou de commerçants, avec qui j'avais à peu près tout en commun, sauf la réussite qui me distinguait un peu, j'en étais séparé par une sorte de barrière invisible, qui s'exprimait parfois dans certaines insultes rituelles contre *lous emplegats*, les employés « aux mains blanches », un peu comme mon père était séparé de ces paysans et ouvriers au milieu desquels il vivait sa condition de petit fonctionnaire pauvre. Logé avec sa famille dans un appartement de fonction dépourvu des éléments les plus rudimentaires du confort (on allait chercher l'eau, pendant longtemps, à la fontaine publique), il était astreint à des horaires harassants, du lundi matin au samedi soir et de six heures du matin, heure de passage de la voiture postale et de la levée du courrier, jusqu'au bouclage des comptes, souvent tard dans la soirée, surtout à l'occasion des bilans de fin de mois ; il faisait lui-même son jardin, achetait et sciait son bois, et le moindre achat – une chambre de style Lévitan qu'ils avaient fait faire à Nay, avec ma mère, alors que je devais avoir huit ou neuf ans, le petit vélo à vingt francs qu'ils m'avaient offert et qu'une copine à qui je l'avais prêté avait gravement esquinté en se jetant contre le mur de l'église, avant même que j'aie pu l'essayer – était une véritable affaire, dont on parlait pendant des jours et des jours. Il était séparé aussi de son père, qu'il aimait beaucoup, et de son frère, restés à la métairie, à qui il allait

donner des coups de main, pour tous les grands travaux, à l'occasion de ses congés. Il donnait des signes du
fait qu'il en souffrait. Il n'était jamais aussi heureux, je
crois, que lorsqu'il pouvait aider les plus démunis, avec
qui il se sentait à l'aise et qui lui faisaient une confiance
totale, et il dépensait des trésors de gentillesse et de
patience, que parfois, plus âgé, je lui reprochais un peu,
à aider les plus pauvres à se dépêtrer dans les paperasses
qu'ils lui confiaient (« *Aquets papès !* », disaient-ils), pen-
sions de guerre ou d'invalidité, obligations, mandats,
etc., et je me rappelle avoir pleuré plusieurs fois en pen-
sant que son nom, malgré tant de mérites, ne serait pas
dans le dictionnaire. Je ne saurais dire comment j'ai
toujours ressenti l'évidence de la culpabilité qu'il éprou-
vait, même à l'égard de paysans souvent plus fortunés
que lui et dont je participais malgré moi à travers la
blessure des insultes et des plaisanteries agressives de
certains de mes camarades d'école. Il m'enseignait sans
phrases, et par toute son attitude, à respecter les
« petits », parmi lesquels il se comptait, et aussi, bien
qu'il n'ait jamais parlé comme ça, leurs combats (il
m'avait fait écouter le canon des derniers affrontements
de la guerre d'Espagne et je l'ai vu souvent parler, dans
un mélange indécis de béarnais, d'espagnol et de français, avec les *frente popular*, comme on les appelait, qui,
vaincus, avaient dû passer la frontière). Il votait très à
gauche, était inscrit au syndicat, ce qui posait quelques

problèmes, dans ce monde rural assez conservateur, à l'occasion des grèves notamment, et il avait quelques grandes admirations politiques, Robespierre, Jaurès, Léon Blum, Édouard Herriot, incarnations de l'idéal scolaire et républicain, qu'il voulait me faire partager.

Ma mère était issue, par sa mère, d'une « grande famille » paysanne et elle avait dû contrecarrer la volonté de ses parents pour faire un mariage perçu comme une grave mésalliance (mon père n'évoquait jamais sans quelque fureur son expérience des différences sociales telles qu'elles s'affirmaient dans le microcosme villageois et il était toujours assez rétif et méfiant à l'égard des notables locaux – médecins, brigadiers de gendarmerie, curé ou même instituteurs – qui n'avaient guère favorisé ses efforts pour me pousser au lycée). Elle habitait, avec ses parents, une petite maison à un étage, détachée de la grande maison familiale, que sa mère avait reçue en dot en tant que cadette et où je suis né. Successivement ou simultanément scieur de long et transporteur de bois, revendeur de tissus et petit paysan – il avait toujours quelques vaches et quelques pâturages, plus quelques ares de bois à la saligue –, mon grand-père maternel, parent pauvre d'une « grande famille », avait un grand souci de respectabilité et j'ai découvert plus tard, lorsque j'ai aidé mes parents à la transformer (effaçant ainsi, avec une sorte de bonheur furieux qui blessait un peu ma grand-mère, toutes les traces du passé, porcherie et poulailler, cabane de bois servant de cabinets, appentis bourrés de vieilleries et de bricoles absurdes ramassées de partout, etc.), tous les trésors de récupération et de bricolage qu'il avait dépensés pour donner à ce qui n'était qu'une petite maison de fermier ou de métayer sans étage, faite essentiellement d'une grande pièce au sol en terre battue et d'un « salon » d'apparat, réservé pour les grandes occasions, les apparences d'une grande maison à étage, signe auquel on reconnaissait autrefois les grandes familles. (J'ai retrouvé à l'École normale, parmi les garçons chargés de servir à table les élèves qui constituaient le noyau dur de la cellule communiste dans laquelle Althusser aimait à exercer ses talents de stratège politique, notamment pour contrecarrer certaines consignes lancées par des élèves non communistes, toute une « grappe » d'émigrés béarnais, originaires de Lanneplaà, village d'origine de mon grand-père et de son père qui était à Paris, pendant la Commune, comme garçon à Sainte-Barbe, donc sans doute à l'origine de la filière d'émigration d'où étaient issus nos « justins » – nom donné, à partir du prénom de l'un d'eux, aux garçons de service.) Il avait transmis son souci de respectabilité et son respect des conventions et des convenances à ma mère qui lui était totalement dévouée. Elle se heurtait à mon père, d'humeur plus frondeuse et assez anarchiste, lorsqu'elle voulait m'imposer sans y croire un minimum de conformité extérieure aux coutumes locales, religieuses notamment, que je refusais (surtout parce que j'éprouvais de véritables paniques à l'idée de traverser toute l'église, le dimanche, pour rejoindre le banc des garçons) ou des particularités cosmétiques ou vestimentaires, un tablier blanc, une fois, ou des pantalons longs, une autre fois (sans parler de la raie impeccable qu'elle s'acharnait à faire dans mes cheveux et que je défaisais à peine la porte passée), qui me révulsaient parce qu'elles me distinguaient des autres et m'exposaient à leurs railleries. C'est encore la vénération qu'elle avait pour tout ce qui touchait au souvenir paternel qui l'avait incitée à se précipiter, sans s'inquiéter du danger, pour prévenir un ami de son père lorsqu'elle avait appris par mon père, alerté par ses contacts de la Résistance, que les Allemands allaient venir chercher un chef résistant caché dans sa ferme. (J'ai vu souvent, pendant la guerre de libération de l'Algérie, de semblables actions « politiques » qui avaient aussi pour principe de tout autres motivations.) Elle m'avait raconté, il n'y a pas si longtemps, en riant beaucoup (« Une médaille, moi, tu veux rire ! »), que le maquisard qu'elle avait ainsi sauvé avait voulu lui faire obtenir, après la Libération, une médaille commémorative.

J'ai découvert peu à peu, surtout peut-être à travers le regard des autres, les particularités de mon habitus qui, comme certaine propension à la fierté et à l'ostentation masculines, un goût avéré de la querelle, le plus souvent un peu jouée, la propension à s'indigner « pour peu de chose », me paraissent aujourd'hui être liées aux particularités culturelles de ma région d'origine que j'ai mieux perçues et comprises par analogie avec ce que je lisais à propos du « tempérament » de minorités culturelles ou linguistiques comme les Irlandais. Ce n'est en effet que très lentement que j'ai compris que si certaines de mes réactions les plus banales étaient souvent mal interprétées, c'était peut-être parce que la manière – le ton, la voix, les gestes, les mimiques, etc. – dont je les exprimais parfois, mélange de timidité agressive et de brutalité grondeuse, voire furieuse, pouvait être prise pour argent comptant, c'est-à-dire, en un sens, trop au sérieux, et qu'elle contrastait tant avec l'assurance distante des bien nés parisiens qu'elle menaçait toujours de donner des allures de violence incontrôlée et querelleuse à des transgressions réflexes, et parfois purement rituelles, des conventions et des lieux communs de la routine universitaire ou intellectuelle.

Revoyant une photographie où je marchais dans une rue de Pau, aux côtés de mon père (c'était un temps où des photographes proposaient des instantanés aux passants), sans doute un jour de distribution des prix, j'ai repensé à la phrase qu'il m'avait dite une fois, alors que, sortant du lycée, je lui racontais un de mes derniers démêlés avec l'administration (je n'avais dû qu'à la complicité affectueuse du proviseur, Bernard Lamicq, un des rares, sinon le seul normalien béarnais, qui a décisivement orienté ma « carrière », d'échapper à l'exclusion, à quelques mois du bac, à la suite d'un incident avec le censeur des études) : « *Maynat, qu'as cachaou !* », « Mon garçon, tu as du cran ! » (le *cachaou*, c'est la grosse dent, la molaire, et par extension, quelque chose comme la capacité de mordre sans lâcher prise, de tenir bon). Il voulait sans doute saluer ainsi la vertu de rétivité que toute la tradition locale glorifie, au point de voir un bon signe, tant pour une chose que pour une personne, dans un abord difficile ou des dehors agressivement défensifs : « *Arissou arissat, castagne lusente* », « Bogue hérissée, châtaigne luisante ». (Les hasards de mes recherches sur les Grandes écoles m'ont fait découvrir que Bernard Lamicq, contemporain de Sartre et Aron à l'École normale, était brocardé, en compagnie de Pierre Vilar, l'historien marxiste, lui aussi issu des fins fonds de la province languedocienne, dans un passage particulièrement cruel d'une des chansons rituelles du bizutage normalien, « La complainte du khâgneux ». Il me revient que le même Pierre Vilar, rencontré peu après la parution des *Héritiers*, m'avait publiquement interpellé, à propos de ce livre, où, preuve de la puissance du système, il voyait une agression injustifiable contre « l'école libératrice ».)

L'expérience de l'internat a sans doute joué un rôle déterminant dans la formation de mes dispositions ; notamment en m'inclinant à une vision réaliste (flaubertienne) et combative des relations sociales qui, déjà présente, dès l'éducation de mon enfance, contraste avec la vision irénique, moralisante et neutralisée qu'encourage, il me semble, l'expérience protégée des existences bourgeoises (surtout lorsqu'elles sont mâtinées de religiosité chrétienne et de moralisme). Cela notamment à travers la découverte d'une différence sociale, cette fois inversée, avec les citadins « bourgeois », et aussi de la coupure entre le monde violent et rude de l'internat, école terrible de réalisme social, où tout est déjà présent, à travers les nécessités de la lutte pour la vie : l'opportunisme, la servilité, la délation, la trahison, etc., et le monde de la classe, où règnent des valeurs en tout point opposées, et ces professeurs qui, notamment les femmes, proposent un univers de découvertes intellectuelles et de relations humaines que l'on peut dire enchantées.

Le vieux bâtiment du XVII$^e$ siècle, gigantesque et rébarbatif, avec ses immenses couloirs, aux murs blancs dans la partie haute et vert sombre dans le bas, ou ses escaliers de pierre monumentaux, usés au milieu, que nous empruntions, en rangs par deux, le soir, pour monter au dortoir, n'offrait rien qui soit à notre mesure, et ne laissait à nos solitudes aucun recoin, aucun refuge, aucun répit. Ce n'était jamais aussi sensible qu'au dortoir, alignement disciplinaire de trois rangées de lits aux vieilles literies uniformes, tous visibles d'un seul regard depuis la porte, ou depuis la cabine du pion, installée en son centre. En hiver, nous empilions sur le lit tous nos vêtements, le soir, pour avoir un peu moins froid. Les lavabos, sorte d'auge grise longue de plusieurs mètres où l'on se bousculait le matin pour avoir une place et où je lavais en cachette mes mouchoirs tout craquants dans les périodes de rhume. Une de ces petites obsessions quotidiennes, de ces préoccupations de tous les instants, qui, bien qu'elles soient sans doute communes à tous, restent parfaitement incommunicables, enfermant dans la solitude et la honte des accidents, et qui occupent les têtes d'enfants, faux durs désarmés, butés et toujours en bagarre et pourtant souvent désespérés aux larmes, sans personne à qui se plaindre ou simplement en parler. Comme aussi les cabinets à la turque, plantés au beau milieu de la cour, ou en tout cas en un lieu où l'on pouvait les voir de partout, et leurs portes de bois sans fermeture intérieure, sous prétexte, je pense, d'empêcher qu'on s'y enferme pour fumer en cachette, et n'offrant aucune protection contre les plaisantins qui, ignorant l'écharpe posée comme un signal, les ouvrent brusquement.

Cet univers voué à la routine et à la répétition, qui fut à peu près toute ma vie entre 1941 et 1947, ne comportait aucun événement marquant, sinon ceux qu'il engendrait, par sa logique même, comme les chahuts que l'on aime à dire « mémorables ». Il enveloppait toutes nos existences dans ses régularités monotones qui ne laissent aucune trace, sinon des éclats de souvenirs sans lien, et dans le train-train des soucis et des luttes quotidiennes, de tous les calculs, toutes les ruses qu'il fallait, à chaque instant, déployer pour obtenir son dû, conserver sa place, défendre sa part (notamment à la grande table de huit, aux repas), arriver à temps, se faire respecter, toujours prêt au coup de poing, bref survivre. On pensera que je noircis le tableau. En fait, celui qui écrit ne sait plus ou ne sait pas dire tout ce qu'il faudrait pour rendre justice à celui qui a vécu ces expériences, à ses désespoirs, à ses fureurs, à ses désirs de vengeance. Pour donner une idée, je pourrais, invoquant le Goffman d'*Asiles*[44], rappeler que l'internat n'est séparé, dans la série des « institutions totales », d'instances comme la prison ou l'hôpital psychiatrique, ou, plus proche, de la colonie pénitentiaire telle que l'évoque Jean Genet dans *Le Miracle de la rose*[45], que par des différences de degré. Mais je serai peut-être plus convaincant si je dis seulement que je me souviens très bien d'avoir confié à un camarade de khâgne, dans une de

---

44. Erving Goffman, *Asiles*, Paris, Minuit, 1961.
45. Jean Genet, *Le Miracle de la rose*, Paris, Gallimard, 1943.

ces confidences un peu littéraires qu'on peut échanger entre aspirants intellectuels, que je n'aurais jamais d'enfants, ne voulant pas être responsable de les jeter dans des misères pareilles à celles que j'avais vécues (j'étais alors à l'internat de Louis-le-Grand, infiniment plus libéral que celui que j'avais connu à Pau mais où, à cause sans doute de mes dispositions rétives d'interne endurci, j'avais encore réussi à me créer de gros ennuis – on y reconnaissait les anciens pensionnaires, parmi les nouveaux venus provinciaux, à cette sorte de désenchantement qui s'observe aussi à l'armée, chez les « quillards » revenus de tout).

Mais cette expérience m'apparaissait comme incommunicable, aussi, dans le moment même où je la vivais. Je me souviens que mon père, à l'occasion de mes (rares) week-ends à la maison (je cumulais les « colles » et les « retenues » – j'en ai reçu, je crois, plus de trois cents au long de ma scolarité), disait souvent à ma mère, qui me pressait de questions, de me laisser tranquille, le temps que je me « réhabitue ». J'étais en effet tellement bien adapté, paradoxalement, à ce monde pourtant profondément détesté que j'envisageais sans plaisir la possibilité d'une sortie et que j'avais fini par aimer les dimanches passés, en toute tranquillité (malgré les pions empressés de me chasser des salles d'étude où je me réfugiais pour lire), dans le lycée à peu près totalement déserté. Les grandes vacances ne me réjouissaient guère, parce que l'éloignement social où m'avait mis l'accès au lycée me valait l'ennui et la solitude d'une existence sans travaux ni loisirs susceptibles d'être partagés avec mes anciens camarades de l'école communale (mis à part quelques matchs de foot, les dimanches, dans un village voisin). Le récit de mes démêlés disciplinaires restait incompréhensible pour mes parents qui, tant je leur apparaissais comme privilégié (mon père avait quitté l'école à quatorze ans, et ma mère, hébergée un moment par une tante de Pau, avait été au collège jusqu'à seize ans), ne pouvaient pas ne pas me tenir pour responsable de mes tourments, c'est-à-dire de ma mauvaise conduite, propre à menacer le succès de mon entreprise, vitale et inespérée, de salut par l'école.

Je me suis demandé souvent si mes difficultés tenaient à moi, à ce qu'on avait appelé très tôt mon « mauvais caractère ». J'ai encore en mémoire les incidents qui m'avaient sans doute valu d'être inscrit une fois pour toutes sur la liste, que se transmettent les répétiteurs et les pions, des fortes têtes qu'il faut punir au premier signe de chahut. On se trouvait pris ainsi dans une sorte de cycle : la punition préventive, individuelle ou collective, engendrant la révolte et la revanche, chahuts organisés plusieurs jours à l'avance, mauvais coups contre les pions, qui suscitent de nouvelles punitions, ordonnées en représailles, et déception suscitée par le lâchage de ceux qui, après avoir poussé, bien souvent, à la rébellion, fuyaient devant les menaces de sanctions collectives et sommaient le « meneur », enfermé dans sa fierté, de se dénoncer. Jamais la solitude n'était aussi grande que dans ces moments-là. (J'ai retrouvé ce sentiment sur le bateau qui nous emmenait en Algérie, lorsque je prêchais aux autres soldats de deuxième classe, illettrés de tout l'ouest de la France, la révolte contre la « pacification » absurde à laquelle on nous destinait, et qui me disaient, par peur et par docilité plus que par méchanceté : « Tu nous feras tous tuer » ou « On te descendra ».) J'avais onze ou douze ans, et personne à qui me confier, et qui puisse simplement comprendre. Je passais souvent une partie de la nuit à préparer ma défense pour le lendemain.

Le personnel d'encadrement de ce petit lycée provincial recourait très communément aux sanctions collectives, menaçant, pour arrêter un chahut, de prendre des « otages », apparemment désignés au hasard, mais en fait choisis pour leur « casier » scolaire, ou promettant les pires sanctions si les auteurs d'un méfait remarquable ne se « dénonçaient » pas ou n'étaient pas « dénoncés » par leurs camarades. Horreur de l'injonction : « dénonce-toi », surtout lorsqu'elle vient d'un complice qui, devant la menace, et la peur qu'elle inspire, renie toute fidélité. Et il excellait à faire monter la peur collective – comme à l'armée quand une revue est annoncée et que quelqu'un fait courir le bruit qu'il faut cirer aussi les semelles des chaussures –, avec la complicité des plus soumis et des plus craintifs qui véhiculent des rumeurs et des menaces propres à obliger les fortes têtes à rentrer dans le rang ou qui ne se lassent pas d'évoquer des expériences quasi mythiques destinées à inspirer la terreur : comme, par exemple, l'apparition du surveillant général, surgissant sans bruit, à l'improviste, à l'entrée du dortoir, avec une de ces phrases banales, mais devenues proverbiales, et mille fois imitées (« Tiens, tiens ! On s'amuse bien ! »), qu'il énonce d'une voix douce et comme étonnée, renvoyant instantanément à leur place, d'une volée, tous les internes un moment égaillés à grands cris dans tout le dortoir, le polochon à la main. On peut laisser à imaginer les satisfactions que le sadisme de ces gardes-chiourmes ratés pouvait trouver dans l'exercice du pouvoir absolu que l'institution leur accordait et dans les servilités empressées que leur valait leur position.

À la fois effrayé et rétif, désarmé et intraitable, toujours dans une révolte proche d'une sorte de délinquance, à laquelle faisaient défaut seulement les possibilités et les occasions, et pourtant toujours prêt à faire confiance et à abandonner la lutte, et à quitter les retranchements du point d'honneur, pour avoir enfin la paix, je vivais ma vie d'interne dans une sorte de fureur butée (c'est sans doute à cette expérience que j'ai dû de pouvoir communiquer, en dépit des différences de tous ordres, et sans avoir le moins du monde à me forcer, oubliant et mon âge et mon statut – beaucoup trop sans doute, et au point d'approuver, comme on me l'a fait remarquer, des conduites normalement considérées comme tout à fait répréhensibles –, avec le jeune beur de *La Misère du monde* et son copain[46], immédiatement perçus dans ce qu'ils avaient de désarmé, par-delà l'apparence de fermeture intraitable que devant un autre ils auraient sans doute soutenue). Je crois que Flaubert n'avait pas tout à fait tort de penser que, comme il l'écrit dans les *Mémoires d'un fou*, « Celui qui a connu l'internat connaît, à douze ans, à peu près tout de la vie ».

Le contraste, immense, entre le monde de l'internat et le monde, normal, parfois même exaltant, de la classe, ne contribuait pas peu à redoubler la révolte contre les brimades et les persécutions imposées par de petits personnages que les normes mêmes de la vie scolaire portaient à mépriser. D'un côté, l'étude, les internes venus des campagnes ou des petites villes des environs qui – à l'exception de quelques originaux, facilement suspectés, dans cet univers de haute masculinité, d'être homosexuels – lisaient *Miroir-Sprint*, *Midi Olympique* ou *J'irai cracher sur vos tombes*, aimaient parler de filles ou de rugby, copiaient leurs dissertations de français sur les anciens ou dans des recueils de corrigés, préparaient

---

46. « L'ordre des choses », *in La Misère du monde*, *op. cit*, p. 81-99.

des « fausses copies » pour les épreuves trimestrielles d'histoire. De l'autre, la classe, avec les profs évidemment, dont les observations et les interpellations les plus éprouvantes – le passage au tableau, en mathématiques – avaient, surtout chez les femmes, une sorte de douceur affectueuse, inconnue de l'internat, mais aussi les externes, sortes d'étrangers un peu irréels, dans leurs vêtements apprêtés, culottes courtes un peu attardées, ou pantalons de golf bien coupés, qui tranchaient avec nos blouses grises, et aussi dans leurs manières et leurs préoccupations, qui évoquaient toute l'évidence d'un monde inaccessible. Je me souviens de l'un d'entre eux, un « réfugié » à l'accent « pointu », qui, toujours au premier rang et totalement absent à tout ce qui l'entourait, écrivait des poèmes. Un autre, fils d'instituteur, attirait les persécutions sans que l'on sache exactement s'il les devait au fait qu'il était reconnu comme homosexuel ou au fait qu'il se retirait régulièrement, pendant les récréations, pour jouer du violon. La violence des interactions prenait souvent la forme d'une sorte de racisme de classe appuyé sur l'apparence physique ou le nom propre. Tel qui devint mon principal rival dans les classes terminales, fils d'une employée des faubourgs de Pau, mais très proche, à travers le scoutisme, des fils d'instituteurs ou de médecins de la ville, dont il empruntait les manières et l'accent corrigé, me blessait souvent en prononçant mon nom à la manière des paysans du pays et en plaisantant sur le nom, symbole de toute l'arriération paysanne, de mon village. (J'ai retrouvé, beaucoup plus tard, à la khâgne de Louis-le-Grand, la même frontière, entre les internes, provinciaux barbus aux blouses grises ceinturées par une ficelle, et les externes parisiens, qui impressionnaient beaucoup tel prof de français de petite origine provinciale et avide de reconnaissance intellectuelle par les élégances bourgeoises de leur tenue autant que par les prétentions littéraires de leurs productions scolaires, dès lors conçues comme des créations d'écrivains. Je suis frappé, en y repensant, du rôle que jouaient, tant auprès des condisciples qu'auprès des professeurs, les apparences physiques et la tenue vestimentaire, en tant qu'indices supposés des propriétés intellectuelles et morales, et cela aussi bien dans la vie de tous les jours qu'à l'occasion des examens.)

J'ai compris récemment que ma très profonde ambivalence à l'égard du monde scolaire s'enracinait peut-être dans la découverte que l'exaltation de la face diurne et suprêmement respectable de l'école avait pour contrepartie la dégradation de son envers nocturne, affirmée dans le mépris des externes pour la culture de l'internat et des enfants des petites communes rurales – dont mes meilleures amitiés, forgées dans la bagarre et le chahut, fils d'artisans, de petits commerçants, plus ou moins tôt perdus tout au long du cursus, avec qui j'avais en commun, entre autres choses, le déconcertement et le désarroi éprouvés devant certains faits de culture (en tous sens) inconnus de nos milieux. Pris entre les deux univers, et leurs valeurs inconciliables, et un peu dégoûté par l'anti-intellectualisme doublé de machisme paillard et gueulard qui faisait les délices de mes compagnons d'internat, je lisais souvent pendant les récréations, quand je ne jouais pas à la pelote basque, et surtout les dimanches, pendant les colles. Et je pense que si j'ai commencé à pratiquer le rugby, aux côtés de camarades d'internat, ce n'est sans doute que pour éviter que ma réussite scolaire, et la docilité suspecte qu'elle est censée supposer, ne me vaillent d'être exclu de la communauté dite virile de l'équipe sportive, seul lieu (à la différence de la classe, qui divise en hiérarchisant, et de l'internat, qui isole en atomisant) d'une véritable solidarité, dans la lutte en commun pour la victoire, dans le soutien mutuel en cas de bagarre, ou dans l'admiration accordée sans réserve aux exploits, beaucoup plus solide et directe que celle de l'univers scolaire.

Cette expérience duale ne pouvait que concourir à l'effet durable d'un très fort décalage entre une haute consécration scolaire et une basse extraction sociale, c'est-à-dire l'*habitus clivé*, habité par les tensions et les contradictions. Cette sorte de « coïncidence des contraires » a sans doute contribué à instituer durablement un rapport ambivalent, contradictoire, à l'institution scolaire, fait de rébellion et de soumission, de rupture et d'attente, qui est peut-être à la racine d'un rapport à soi lui aussi ambivalent et contradictoire : comme si la certitude de soi liée au fait de se sentir consacré était rongée, en son principe même, par l'incertitude la plus radicale à propos de l'instance de consécration, sorte de mauvaise mère, vaine et trompeuse. D'un côté, la docilité, voire l'empressement et la soumission du bon élève, assoiffé de connaissance et de reconnaissance, qui m'avait porté à me plier aux règles du jeu, et pas seulement aux techniques les plus rouées et les plus faciles de la rhétorique académique : à Louis-le-Grand, par exemple, j'excellais dans les concours blancs de philosophie où Étienne Borne, un des représentants patentés du personnalisme chrétien (auquel j'aurai souvent l'occasion de m'en prendre par la suite), accordait régulièrement le premier rang à mes dissertations ; de l'autre, une disposition rétive, notamment à l'égard du système scolaire : objet peut-être d'un excès d'amour, l'*Alma mater* ambiguë suscite une violente et constante révolte, fondée sur la dette et la déception, qui se manifeste dans toute une série de crises, notamment à l'occasion des concours ou des situations de solennité académique, discours de distribution des prix, leçons inaugurales, jurys de thèse, défenses de candidatures, qui, en déclenchant le malaise suscité par l'attente tacitement impérative des signes de la soumission (ce que

Spinoza appelait l'*obsequium*, respect pur des formes institutionnelles que demandent par-dessus tout les institutions, et dont on dit, sur le mode du reproche, que « ça ne coûte rien » et qui me coûte infiniment), font surgir l'envie de la dissidence, la tentation de casser le jeu. Et comment ne pas inscrire dans cette série le refus de se soumettre au rite impensable de la soutenance de thèse, qui se justifiait du mot de Kafka : « Ne te présente pas devant un tribunal dont tu ne reconnais pas le verdict » ?

D'un côté, la modestie, liée entre autres choses à l'insécurité, du parvenu fils de ses œuvres qui, comme on dit dans le monde du rugby, n'a pas à se faire violence pour « aller au charbon » et investir dans des tâches obscures comme l'établissement d'une feuille de codage ou la conduite d'un entretien le même intérêt et la même attention que dans la construction d'un modèle théorique (j'aurais cru que ça allait de soi si je n'avais vu tant de sociologues de haute extraction sociale ou scolaire inventer toutes les manières possibles de fuir les tâches à mes yeux les plus impérativement exigées d'un chercheur, mais souvent tenues pour inférieures, et entendu un jeune débutant, couvert de titres nationaux et internationaux, déclarer publiquement qu'il n'était pas question qu'il administre lui-même un questionnaire et qui s'est tenu à ce refus de déroger sans cesser pour autant d'enseigner, à la satisfaction de tous, la

« méthodologie » dans une des plus hautes institutions universitaires) ; de l'autre, la hauteur, l'assurance du « miraculé » incliné à se vivre comme « miraculeux » et porté à défier les dominants sur leur propre terrain (dont je vois un exemple dans le défi que Heidegger lance aux kantiens lorsqu'il leur arrache un des socles du rationalisme en découvrant la finitude existentielle au cœur de l'Esthétique transcendantale) : je dois confesser que beaucoup de mes choix ont été déterminés, dès l'École normale, par une forme d'aristocratisme, moins arrogant que désespéré, parce que fondé sur la honte rétrospective d'avoir été pris au jeu du concours, jointe à la réaction contre le « bon-élèvisme » auquel j'avais dû sacrifier un moment, et sur cette forme de haine de soi qu'était pour moi l'horreur de l'arrivisme petit-bourgeois de certains de mes condisciples, parfois devenus depuis des membres éminents de la hiérarchie universitaire et des incarnations accomplies de l'*homo academicus*. (Comment pourrais-je ne pas me reconnaître en Nietzsche lorsqu'il dit à peu près, dans *Ecce Homo*, qu'il ne s'en est jamais pris qu'à des choses qu'il connaissait à fond, qu'il avait lui-même vécues, et que, jusqu'à un certain point, il avait lui-même été ?)

Mais cet habitus clivé, produit d'une « conciliation des opposés » qui incline à la « conciliation des opposés », ne se manifeste sans doute jamais aussi clairement que dans le style propre de ma recherche, le type d'objets qui m'intéressent, la manière qui est la mienne de les aborder. Je pense au fait d'investir de grandes ambitions théoriques dans des objets empiriques souvent à première apparence triviaux (la question des structures de la conscience temporelle à propos du rapport au temps des sous-prolétaires, ou les problèmes majeurs de l'esthétique, kantienne notamment, à propos de la photographie), ou, plus généralement, dans une manière à la fois ambitieuse et « modeste » de faire de la science. Peut-être qu'en ce cas le fait de sortir des « classes » que certains aiment à dire « modestes » procure des vertus que n'enseignent pas les manuels de méthodologie : l'absence de tout dédain pour les minuties de l'empirie, l'attention aux objets humbles, le refus des ruptures éclatantes et des éclats spectaculaires, l'aristocratisme de la discrétion qui porte au mépris du brio et du brillant récompensés par l'institution scolaire et aujourd'hui par les médias.

C'est ainsi que, prenant le contre-pied de la rhétorique de l'importance par laquelle se marque la hauteur philosophique (et que j'analysais *in vivo* à propos du cas limite des althusseriens[47] – pas si différent, pour une

---

47. « Le discours d'importance. Quelques réflexions sociologiques sur "Quelques remarques critiques à propos de *Lire Le Capital*" », in *Ce que parler veut dire. L'économie des échanges linguistiques*, Paris, Fayard, 1982, p. 207-226 ; réédition, *in Langage et pouvoir symbolique*, Paris, Seuil, 2001, p. 379-398.

pragmatique sociologique, des cas Heidegger ou Habermas), je me suis ingénié à laisser les contributions théoriques les plus importantes dans des incises ou des notes ou à engager mes préoccupations les plus abstraites dans des analyses hyper-empiriques d'objets socialement secondaires, politiquement insignifiants et intellectuellement dédaignés. La première esquisse de toute la théorie ultérieure – le dépassement de l'alternative de l'objectivisme et du subjectivisme et le recours à des concepts médiateurs, comme celui de disposition – se trouve exposée dans une brève préface à un livre collectif sur un sujet mineur, la photographie[48] ; la notion d'habitus est présente, avec ses implications critiques à l'égard du structuralisme, dans une postface à un livre de Panofsky que j'avais créé en réunissant deux textes qui avaient été publiés séparément en anglais et où le mot d'habitus n'est pas prononcé ; une de mes critiques les plus élaborées de Foucault est avancée dans la note finale de l'article intitulé « Reproduction interdite », que jamais aucun philosophe digne de ce nom n'envisagerait de lire ; la critique du style philosophique de Derrida est renvoyée dans un Post-scriptum de *La Distinction* ou dans un passage elliptique des *Méditations*

---

48. *Un Art moyen, essai sur les usages sociaux de la photographie*, Paris, Minuit, 1965 (avec Luc Boltanski, Robert Castel et Jean-Claude Chamboredon).

*pascaliennes*[49]. Seul le sous-titre donne parfois une idée de l'enjeu théorique des livres. Pareil parti pris de discrétion a sans doute à voir aussi avec la vision double, dédoublée (et contradictoire) que j'ai de mon projet intellectuel : parfois hautain et même un peu cavalier (dans la logique : comprenne qui pourra) et ascétique (la vérité se mérite et *khalepa ta kala*, « les choses belles sont difficiles »), il est aussi prudent et modeste (je n'avance mes conclusions – et aussi mes ambitions – que sous couvert d'une recherche précise et circonstanciée) et, s'il répugne parfois à l'exhibition positiviste des données et même des preuves (je n'ai pas beaucoup d'indulgence pour les interminables protocoles d'expérience qui écrasent tant de recherches peu inspirées), il refuse les poses du « style grand seigneur » ou, plus simplement, le culot théorique qui porte tant de philosophes, et même de sociologues (ceux qui plaisent d'emblée aux philosophes), à penser au-dessus de leurs moyens philosophiques.

De même, j'ai pris d'emblée le parti, dans mon enseignement de l'École des hautes études et ensuite du Collège de France, de revendiquer un refus délibéré et décidé de toutes les formes de happening qui, selon le modèle de la politique pour certains, de la littérature pour d'autres, se pratiquaient beaucoup en certains

---

49. *Méditations pascaliennes*, Paris, Seuil (coll. Liber), 1997.

hauts lieux du monde académique. Je me rappelle avoir appris avec quelque satisfaction que deux jeunes Allemands, venus de fort loin pour assister aux séminaires que je commençais à peine à donner à l'École des hautes études et où, par un grand malentendu, j'attirais une bonne partie de l'intelligentsia d'aspiration – certains des futurs leaders et penseurs de Mai 1968 notamment –, étaient repartis tout à fait déçus par le caractère terne et un peu terre à terre de mes objets – des histoires d'assistantes sociales, d'instituteurs ou d'employés de bureau – et de mes propos à leur sujet, qui ne faisaient pratiquement aucune place à des auteurs ou à des concepts d'importance, comme praxis, herméneutique ou « agir communicationnel ». Et il m'est arrivé, encore tout récemment, de travailler, selon un modèle délibérément socratique que, chose significative, ils n'ont pas reconnu, à décevoir les attentes, naturellement « philosophiques », d'un groupe de normaliens qui m'avaient invité à inaugurer une série de conférences sur « le » politique et que je voulais renvoyer, par une comparaison méthodique avec les rapports à la politique des normaliens du passé, à une réflexion sur ce que leur vision de la politique devait à leur condition de normaliens dans un état particulier des champs intellectuel et politique.

Le monde intellectuel, qui se pense si profondément libéré des convenances et des conventions, m'est toujours apparu comme habité par de profonds conformismes, qui ont agi sur moi comme des forces répulsives. Les mêmes dispositions rétives à l'égard des embrigadements et des conformismes, c'est-à-dire aussi à l'égard de ceux qui, suivant les penchants d'habitus différents du mien, changeaient au rythme des transformations qui ont porté ce monde inconstant des enchantements de la fausse révolution aux désenchantements d'une vraie révolution conservatrice, m'ont conduit à me trouver à peu près toujours à contresens ou à contre-pente des modèles et des modes dominants dans le champ, tant dans ma recherche que dans mes prises de position politiques, ostentatoirement weberien ou durkheimien par exemple quand il était impératif d'être marxiste. Pas communiste lorsque la plupart des intellectuels l'étaient, je ne me suis jamais adonné à l'anticommunisme auquel ils ont souvent sacrifié lorsqu'ils ont cessé de l'être. Ce qui me vaut souvent d'être désigné et dénoncé comme « néo-stalinien » par des gens qui, pour la plupart, sont passés par le Parti communiste ou par le maoïsme et qui, ce faisant, continuent à illustrer les modes de pensée et d'expression stalinoïdes qui me portaient à m'opposer à eux en ce temps-là, comme je le fais encore aujourd'hui.

Le sentiment d'ambivalence à l'égard du monde intellectuel qui s'enracine dans ces dispositions est au principe d'une *double distance* dont je pourrais donner d'innombrables exemples : distance à l'égard du grand jeu de l'intellectuel à la française avec ses pétitions mondaines, ses manifestations chics ou ses préfaces pour catalogues d'artistes, mais aussi à l'égard du grand rôle du professeur, engagé dans la circulation circulaire des jurys de thèse et de concours, dans les jeux et les enjeux de pouvoir sur la reproduction ; distance, en matière de politique et de culture, à l'égard à la fois de l'élitisme et du populisme. La tension entre les contraires, jamais résolue dans une synthèse harmonieuse, est particulièrement visible dans le rapport à l'art, combinaison d'une vraie passion, qui ne s'est jamais démentie, pour les vraies avant-gardes (plutôt que pour les transgressions scolairement programmées de l'anti-académisme académique) et d'une froideur analytique qui s'est affirmée dans l'élaboration de la méthode d'interprétation présentée dans *Les Règles de l'art*[50] et qui s'inspire de la conviction que, s'il risque de mettre à mal le culte hölderlino-heideggero-blanchotien du sacré littéraire et artistique, « le démontage impie de la fiction », dont parle Mallarmé, ne peut qu'intensifier le plaisir d'amour de l'art.

Cette tension ne m'est sans doute jamais apparue de manière aussi dramatique qu'à l'occasion de la leçon

---

50. *Les Règles de l'art. Genèse et structure du champ littéraire*, Paris, Seuil, 1992.

inaugurale au Collège de France, c'est-à-dire au moment d'entrer dans un rôle que j'avais peine à englober dans l'idée que je me faisais de moi. J'avais refusé à plusieurs reprises d'être candidat et je m'en étais expliqué, auprès de François Jacob notamment, et, ensuite, auprès de mes amis, André Miquel surtout, qui insistait pour que je sois candidat et que j'avais même tenté de convaincre que, grandiloquent et prophétique, celui qui devait devenir mon concurrent tiendrait très bien le rôle, en un sens mieux que moi. Cette réticence (le mot est trop faible, mais répugnance est trop fort), venue du plus profond de moi, me porte à toute une série d'actes destinés à couper les ponts, comme la signature en faveur de la candidature de Coluche à la présidentielle de 1981, ou un article d'*Actes de la recherche* sur la haute couture[51] où, faisant d'une pierre deux coups, je cite un article de Barthes dans *Elle* à propos de Chanel et un billet de Chastel dans *Le Monde*, véritable pub rédactionnelle pour une marque de parfum. La préparation de cette leçon me fera éprouver un concentré de toutes mes contradictions : le sentiment d'être parfaitement indigne, de n'avoir rien à dire qui mérite d'être dit devant ce tribunal, sans doute le seul dont je recon-

---

51. « Le couturier et sa griffe : contribution à une théorie de la magie », *Actes de la recherche en sciences sociales*, 1, janvier 1975, p. 7-36 (avec Yvette Delsaut).

naisse le verdict, se double d'un sentiment de culpabilité à l'égard de mon père qui vient de mourir d'une mort particulièrement tragique, comme un pauvre diable, et que, dans la folie des moments de désespoir des débuts des années cinquante, j'ai contribué à attacher à sa maison, absurdement située au bord d'une route nationale, en l'encourageant et en l'aidant à la transformer. Bien que je sache qu'il aurait été très fier et très heureux, je fais un lien magique entre sa mort et ce succès ainsi constitué en transgression-trahison. Nuits d'insomnie.

J'avais cru voir, enfin, une issue à la contradiction où me met le fait même de la consécration sociale, qui heurte mon image de moi : prendre comme objet dans ma leçon le fait de faire une leçon inaugurale, d'accomplir un rite d'institution et instaurer ainsi une distance au rôle dans l'exercice même du rôle. Mais j'avais sous-estimé la violence de ce qui, au lieu d'un simple discours rituel, devenait une sorte d'« intervention », au sens des artistes. Décrire le rite dans l'accomplissement même du rite, c'était commettre le barbarisme social par excellence, qui consiste à suspendre la croyance ou, pire, à la mettre en question et en danger au moment et au lieu mêmes où il s'agit de la célébrer et de la renforcer. J'ai ainsi découvert, au moment de la mise en œuvre, en situation, que ce qui était pour moi une solution psychologique constituait un défi à l'ordre symbolique, une atteinte à la dignité de l'institution qui demande le silence sur l'arbitraire du rite institutionnel en train de s'accomplir. La lecture publique de ce texte qui, écrit en dehors de la situation, doit être lu tel quel, sans modification, devant le corps des maîtres réunis, Claude Lévi-Strauss, Georges Dumézil, Michel Foucault, etc., est une épreuve terrible. On me dira que j'avais une voix blanche. J'esquisse un mouvement pour m'interrompre et partir. Jean-Pierre Vernant me fait les gros yeux ou je le crois ; je vais jusqu'au bout tant bien que mal. Après, j'éprouve un terrible malaise, lié au sentiment de la gaffe, plus que de la transgression. Je reste seul avec deux anciens condisciples du lycée de Pau, jamais revus avant, ni après : je parle à tort et à travers, dans le relâchement qui suit une énorme tension, avec le sentiment d'avoir toujours à payer tout très cher. Pourquoi être obligé, pour m'en sortir, d'aller à cette sorte de schizophrénie à demi contrôlée dans laquelle, comme le patient commente ce qu'il dit ou fait en disant qu'il dit ou fait autre chose, je commente mon message, le fait de faire une leçon, par un autre message qui le contredit, sur l'essentiel, en livrant tout ce que signifie et suppose le fait de faire une leçon. Ce n'est pas la seule fois, dans ma vie, que j'ai eu le sentiment d'être contraint par une force supérieure de faire quelque chose qui me coûtait beaucoup et dont la nécessité n'était ressentie que par moi.

Pourquoi et surtout pour qui ai-je écrit ? Peut-être pour décourager les biographies et les biographes, tout en livrant, par une sorte de point d'honneur professionnel, les informations que j'aurais aimé trouver lorsque j'essayais de comprendre les écrivains ou les artistes du passé et en essayant de prolonger l'analyse réflexive au-delà des découvertes génériques procurées par l'analyse scientifique elle-même – cela sans pour autant sacrifier à la tentation (très puissante) de démentir ou de réfuter les déformations et les diffamations, de détromper ou de surprendre. Je ne puis pas ignorer les tentatives d'objectivation plus ou moins *sauvages* que mes analyses ont suscitées en retour, sans autre justification que la volonté malveillante d'objectiver celui qui objective, selon la logique enfantine du « c'est celui qui dit qui est » : dénonciateur de la gloire et des honneurs, il est avide de gloire et d'honneurs ; pourfendeur des médias, il est « médiatique » ; contempteur du système scolaire, il est asservi aux grandeurs d'École, et ainsi de suite à l'infini. Ce qui est sûr, en tout cas, c'est que si je ne suis pas insituable en tant qu'agent empirique, je n'ai pas cessé de m'efforcer de l'être autant que possible en tant que chercheur, notamment en prenant acte de ma position et de son évolution dans le temps, comme je l'ai fait ici, pour tenter de maîtriser les effets qu'elles pourraient avoir sur mes prises de position scientifiques. Cela non pas pour échapper à la réduction de mes travaux à leurs conditions sociales, selon l'aspiration au savoir absolu d'un chercheur quasi divin (« bourdivin », comme disent certains), mais pour faire du mieux que je peux, un métier suprêmement difficile, celui qui consiste à organiser le retour du refoulé, et à dire à la face de tous ce que personne ne veut savoir.

Mais j'ai écrit aussi et peut-être surtout à l'intention des plus jeunes de mes lecteurs dont j'espère qu'ils pourront éprouver, à travers cette évocation des conditions historiques dans lesquelles s'est élaboré mon travail et qui sont sans doute très éloignées, sous différents rapports, de celles dans lesquelles ils sont placés, ce que j'ai ressenti chaque fois que j'ai tant soit peu réussi, dans mon travail, à « prendre le point de vue de l'auteur », comme disait Flaubert, c'est-à-dire à me mettre en pensée à la place que, écrivain ou peintre aussi bien qu'ouvrier ou employé de bureau, il occupait dans le monde social : le sentiment d'appréhender une œuvre et une vie dans le mouvement nécessaire de sa réalisation et d'être ainsi en mesure de m'en donner une appropriation active, sympraxie plutôt que sympathie, tournée elle-même vers la création et l'action ; il se trouve en effet que, paradoxalement, l'historicisation, bien qu'elle mette à distance, donne aussi les moyens de rapprocher et de convertir un auteur embaumé et emprisonné dans les bandelettes du commentaire académique en un véritable alter ego ou, mieux, un compagnon au sens des anciens métiers, qui a des problèmes à la fois triviaux et vitaux, comme tout le monde (où placer un manuscrit, comment convaincre un éditeur, etc.). Je n'ai jamais pensé que je commettais un acte d'arrogance sacrilège lorsque je posais, sans me prendre pour lui pour autant, comme tant de critiques inspirés, que Flaubert ou Manet était quelqu'un comme moi. Et rien ne me rendrait plus heureux que d'avoir réussi à faire que certains de mes lecteurs ou lectrices reconnaissent leurs expériences, leurs difficultés, leurs interrogations, leurs souffrances, etc., dans les miennes et qu'ils tirent de cette identification réaliste, qui est tout à fait à l'opposé d'une projection exaltée, des moyens de faire et de vivre un tout petit peu mieux ce qu'ils vivent et ce qu'ils font.

Achevé d'imprimer sur rotative
par l'imprimerie Darantiere à Dijon-Quetigny
en janvier 2004

Diffusion: Le Seuil
Dépôt légal: 1er trimestre 2004
N° d'impression : 23-1445

*Imprimé en France*